Wilfried Berssen, Brigitte Duisberg, Dr. Tilman Fischbach, Gerlinde Hohmeister, Dr. Angelika Stadler

Herausgeber: Erwin Schröder

Behandlungsassistenz

Medizinische Fachangestellte

Lernsituationen

4. Auflage

Bestellnummer 93008

Bildungsverlag EINS

Haben Sie Anregungen oder Kritikpunkte zu diesem Produkt?
Dann senden Sie eine E-Mail an 93008_004@bv-1.de
Autoren und Verlag freuen sich auf Ihre Rückmeldung.

Die in diesem Produkt gemachten Angaben zu Unternehmen (Namen, Internet- und E-Mail-Adressen, Handelsregistereintragungen, Kontonummern, Steuer-, Telefon- und Faxnummern und alle weiteren Angaben) sind i. d. R. fiktiv, d. h., sie stehen in keinem Zusammenhang mit einem real existierenden Unternehmen in der dargestellten oder einer ähnlichen Form. Dies gilt auch für alle Kunden, Lieferanten und sonstigen Geschäftspartner der Unternehmen wie z. B. Kreditinstitute, Versicherungsunternehmen und andere Dienstleistungsunternehmen. Ausschließlich zum Zwecke der Authentizität werden die Namen real existierender Unternehmen und z. B. im Fall von Kreditinstituten auch deren Bankleitzahlen, IBAN und BIC verwendet.

Die in diesem Werk aufgeführten Internetadressen sind auf dem Stand zum Zeitpunkt der Drucklegung. Die ständige Aktualität der Adressen kann vonseiten des Verlages nicht gewährleistet werden. Darüber hinaus übernimmt der Verlag keine Verantwortung für die Inhalte dieser Seiten.

www.bildungsverlag1.de

Bildungsverlag EINS GmbH
Ettore-Bugatti-Straße 6-14, 51149 Köln

ISBN 978-3-427-**93008**-2

Vorwort

Dieses Arbeitsbuch **Lernsituationen** entspricht dem Rahmenlehrplan für den berufsbezogenen Unterricht der Medizinischen Fachangestellten, der durch die Ständige Konferenz der Kultusminister und -senatoren beschlossen worden und mit der Ausbildungsverordnung des Bundes abgestimmt ist.

Gemäß dem Rahmenlehrplan wurden die Inhalte nach Lernfeldern geordnet. Die Inhalte befinden sich selbstverständlich auf dem aktuellen medizinischen Stand.

In diesem Arbeitsheft werden **Situationen medizinischer Tätigkeiten aus dem Praxisalltag** dargestellt. Sie sollen **handlungsorientiert bearbeitet** werden. Es sind ausschließlich Situationen, die im Wesentlichen Ihre **Tätigkeit als Auszubildende zur Medizinischen Fachangestellten** in der Arztpraxis widerspiegeln. So werden anatomische, physiologische und pathologische Inhalte und Themen wie Behandlungsabläufe, Instrumente, hygienische Grundlagen und Patientenbetreuung situativ miteinander verknüpft.

Damit Sie sich besser in die Situation einfügen können, dient das Modell eines Praxiszentrums als Grundlage. Stellen Sie sich vor, Sie seien als Auszubildende in diesem Praxiszentrum tätig und lösen Sie aus diesem Blickwinkel Ihre Aufgaben.

Die Kapitel sind wie folgt aufgebaut:

- Situationsbeschreibung,
- Handlungsaufträge,
- ggf. weitere Aufgaben.

Die Situationen sind so aufgebaut, dass der Patient mit seinem Befund im Mittelpunkt steht. Sie sollten sich dann als Auszubildende zur Medizinischen Fachangestellten mit in die Behandlung und Betreuung des Patienten einbringen und die Ärztin bzw. den Arzt im Team unterstützen. Viele Aufgaben werden Sie aufgrund des bisher Gelernten lösen können. Für andere benötigen Sie Ihr Schulbuch oder ein Wörterbuch bzw. weitere Informationen, die Sie sich möglicherweise noch beschaffen müssen (Informationsschriften, Internet etc.).

Wir wünschen Ihnen viel Erfolg und Freude bei der Bearbeitung der Aufgaben dieses Arbeitsheftes.

Die Verfasser

Inhaltsverzeichnis

Praxiszentrum

Im Anger 1
88131 Lindau

Dr. med. Burglind Tanz **Fachärztin für Allgemeinmedizin**	*Medizinische Fachangestellte:* Monika Düvel (Rezeption, alle) Ingrid Kemper (Assistenz) *Auszubildende:* 1. Jahr: Karin Schmidt (auch Dr. Hardinghaus) 2. Jahr: Lisa Kampus (auch Dr. Mechelhoff)
Dr. med. Udo Bödeker **Facharzt für Allgemeine Chirurgie**	*Medizinische Fachangestellte:* Monika Düvel (Rezeption, alle) Petra Balde (Assistenz) *Medizinischer Fachangestellter:* Stefan Schröder (Assistenz, auch Dr. Hardinghaus) *Auszubildende:* 1. Jahr: Silke Peters 3. Jahr: Jutta Koch (auch Dr. Gärtner, Dr. Hardinghaus)
Dr. med. Angelika Stolte **Fachärztin für Orthopädie und Unfallchirurgie**	*Medizinische Fachangestellte:* Monika Düvel (Rezeption, alle) Melanie Alse (Assistenz, auch Dr. Gärtner) *Auszubildende:* 1. Jahr: Jana Schilling (auch Dr. Mechelhoff) 2. Jahr: Lisa Kampus (auch Dr. Tanz)
Dr. med. Dieter Gärtner **Facharzt für Radiologie**	*MTR:* Peter Becker *Medizinische Fachangestellte:* Monika Düvel (Rezeption, alle) Melanie Alse (Assistenz, auch Dr. Stolte) *Auszubildende:* 3. Jahr: Jutta Koch (auch Dr. Bödeker, Dr. Hardinghaus)
Dr. med. Jürgen Mechelhoff **Facharzt für Frauenheilkunde und Geburtshilfe**	*Medizinische Fachangestellte:* Monika Düvel (Rezeption, alle) Ingrid Kemper (Assistenz, auch Dr. Tanz) *Auszubildende:* 1. Jahr: Jana Schilling (auch Dr. Stolte) 2. Jahr: Lisa Kampus (auch Dr. Tanz)
Dr. Winfried Hardinghaus **Facharzt für Innere Medizin und Hämatologie und Onkologie**	*Medizinische Fachangestellte:* Monika Düvel (Rezeption, alle) *Medizinischer Fachangestellter:* Stefan Schröder (auch Dr. Bödeker) *Auszubildende:* 1. Jahr: Karin Schmidt (auch Dr. Tanz) 3. Jahr: Jutta Koch (auch Dr. Bödeker, Dr. Gärtner)
Frau Dagmar Völlmann **Physiotherapeutin**	*Rezeption:* Sylvia Sperber
Herr Paul Zimmermann **Apotheker**	*Pharmazeutisch-Kaufmännische Angestellte (PKA):* Sabine Brinkmann
Öffnungszeiten: **Mo, Di, Do** **07:30–12:30 Uhr** **14:30–19:00 Uhr** **Mi, Fr** **07:00–13:00 Uhr**	Tel. 05041 580601 Fax 05041 580602 E-Mail: Praxiszentrum.dr.tanz@t-online.de

Lernfeld 1: Sich in Beruf und Gesundheitswesen orientieren

1 Bereiche und Aufgaben des Gesundheitswesens in Deutschland – Das Gesundheitswesen

Situation:

Karin Schmidt, die Auszubildende in der Praxis von Dr. med. Burglind Tanz, ist nun seit mehreren Wochen arbeitsunfähig. Sie hat sich in der Diskothek den Fuß umgeknickt.
Noch am selben Abend hat ihr Freund Tom sie zum Krankenhaus gefahren. Dort wurde die Erstversorgung der Verletzung vorgenommen.

1. Zu welchem Arbeitsfeld (zu welcher Säule) des Gesundheitswesens in Deutschland gehört das Krankenhaus?

   ....

   ....

2. Zu welchem Arbeitsfeld (zu welcher Säule) des Gesundheitswesens gehört die Praxis von Frau Dr. med. Burglind Tanz?

   ....

   ....

3. Welcher andere Bereich gehört noch zum Gesundheitswesen?

   ....

   ....

4. Welche Aufgaben hat das Gesundheitswesen? Geben Sie die Aufgaben mit jeweils einem Beispiel an (Lösungsvorschläge).

	Aufgabe	Beispiel
1		
2		

	Aufgabe	Beispiel
3		
4		
5		

5 Was ist die oberste Gesundheitsbehörde (Bundesebene)? Geben Sie die genaue und vollständige Bezeichnung an.

6 Welche Bundesbehörden bzw. -institute sind der obersten Gesundheitsbehörde nachgeordnet? Nennen Sie Bezeichnungen, deren Abkürzungen und geben Sie die Internetadressen an.

	Bezeichnung	Abkürzung	Internetadresse
1			
2			
3			
4			

	Bezeichnung	Abkürzung	Internetadresse
5			

7 Welche Berufsgruppen sind für die ambulante Versorgung zuständig? Nennen Sie drei Beispiele.

8 Zu welcher Krankhenhausart gehört eine Universitätsklinik?

9 Was ist die oberste Gesundheitseinrichtung auf internationaler Ebene? Geben Sie die Abkürzung und die genaue Bezeichnung an.

2 Heilberufe, Pflegeberufe, diagnostisch-technische Berufe, therapeutisch-rehabilitative Berufe und nichtärztliche Fachberufe

Situation:

Die Auszubildende zur Medizinischen Fachangestellten, Karin, trifft ihre frühere Klassenkameradin Laura. Laura interessiert sich für eine Ausbildung im Gesundheitswesen. „Was gibt es da eigentlich für Berufe?", fragt sie ihre Freundin. „Als Erstes fallen einem immer Ärzte und Medizinische Fachangestellte ein."

1 Unterstützen Sie Karin und ergänzen Sie den folgenden Text, indem Sie jeweils die passende Berufsbezeichnung einfügen.

Berufe im Gesundheitswesen	Tätigkeiten
	behandelt Erkrankungen der Zähne, des Kiefers und der Mundhöhle.
	darf die Heilkunde nur unter gesetzlich vorgeschriebenen Einschränkungen ausüben.
	pflegt kranke Menschen stationär oder ambulant.
	führt labordiagnostische Untersuchungen durch.

Berufe im Gesundheitswesen	Tätigkeiten
....	hilft bei Stimm-, Sprech- und Sprachstörungen.
....	behandelt Sehstörungen und Schielerkrankungen.
....	fördert kranke Menschen durch handwerkliche Beschäftigung und geistige oder psychische Anregung.
....	unterstützt Frauen während Schwangerschaft, Geburt und Wochenbett.
....	versorgt und transportiert Notfallpatienten.
....	stellt Diätformen zusammen und führt Diätberatungen und -schulungen durch.

3 Berufe des Gesundheitswesens – Ausbildung und Beruf der Medizinischen Fachangestellten

Situation:

Die Schülerin Birgit Meier absolviert gerade ein Schulpraktikum bei Frau Dr. med. Burglind Tanz. Für die Schule muss sie ein Informationsblatt zum **Ausbildungsberuf der Medizinischen Fachangestellten** erstellen. Deshalb wendet sie sich an die Medizinische Fachangestellte Ingrid Kemper mit der Bitte um Informationen.

1. Übernehmen Sie die Informationsarbeit für Frau Kemper. Lesen Sie dazu in Ihrem Lehrbuch die entsprechenden Seiten und erstellen Sie mithilfe dieser Angaben und Ihrer Praxiserfahrungen für Birgit das folgende Informationsblatt:

Ausbildung und Beruf der Medizinischen Fachangestellten

Berufsbezeichnung: ....

Ausbildungsdauer: ....

Ausbildungsorte: ....

Arbeitsbereiche: (Geben Sie jeweils Beispiele an.)

1) ....

2) ....

3) ....
....
....
....

4) ....
....
....
....

5) ....
....
....
....

6) ....
....
....
....

Weiterbildungsmöglichkeiten: ....

2 Birgit findet die Aufgaben einer Medizinischen Fachangestellten sehr interessant, zumal Ingrid ihr erzählt, dass die Aufgaben bei Ärzten verschiedener Gebiete und Schwerpunkte unterschiedlich sind.
Daraus möchte Birgit ein Spiel für die Schule erstellen. Sie möchte für eine Quizsendung nach dem Motto „Was bin ich?“ (Berufe raten) zehn Fragen zum Beruf der Medizinischen Fachangestellten erstellen.
Formulieren Sie jeweils zehn diesbezügliche Fragen für eine Medizinische Fachangestellte, die …
- bei einem Facharzt für Kinder- und Jugendmedizin,
- bei einem Facharzt für Augenheilkunde,
- bei einem Facharzt für Allgemeine Chirurgie,
- vorwiegend an der Anmeldung

arbeitet.

....

4 Berufe des Gesundheitswesens – Ausbildung des Arztes, ärztliche Gebiete und Arztbezeichnungen

Situation:

Der medizinisch-technische Radiologieassistent Peter Becker möchte sich beruflich weiterentwickeln. Er überlegt, das Abitur nachzuholen, um dann Medizin studieren zu können. In der Praxis von Herrn Dr. med. Dieter Gärtner befragt er die Auszubildende Jutta Koch: „Hallo Jutta, du hast doch in der Schule gelernt, wie die Ausbildung zum Arzt abläuft. Was weißt du darüber?“

1 Jutta nennt Peter die folgenden Stationen bis zur Zulassung zum Arztberuf:

(1) ....

(2) Studium mit der Dauer ....

und den Prüfungen ....

letztes Studienjahr ....

Zusätzlich: ....

(3) ....

(4) Antrag auf ....

2 Da Peter sich gerade mit Jutta an der Anmeldung befindet, fällt ihm ein Briefbogen mit dem Briefkopf des Praxiszentrums ins Auge, insbesondere die Titel von Frau Dr. med. Tanz und Herrn Dr. med. Bödecker. Interessiert fragt er: „Wie erhält ein Arzt den Doktortitel?"

Jutta erläutert ihm den Ablauf und verwendet dabei die Begriffe „Promotion" und „Dissertation":

....

3 Im weiteren Gespräch hat Peter die folgende Frage: „Auf dem Praxisschild habe ich gelesen, dass Frau Dr. med. Tanz Fachärztin für Allgemeinmedizin ist, während sich Herr Dr. med. Bödecker als „Facharzt für Allgemeine Chirurgie" bezeichnet. Worin besteht der Unterschied?"

Facharzt für Allgemeinmedizin (Hausarzt):

....

Facharzt für Allgemeine Chirurgie:

....

....

....

4 Peter stellt fest, dass es verschiedene Gruppen von Gebietsbezeichnungen für Ärzte gibt. Diese lassen sich in unterschiedliche Kategorien einteilen. Nun möchte Peter zu jeder Gruppe zwei Beispiele wissen. Geben Sie ihm diese Informationen in der folgenden Tabelle:

Ärztliche Gebiete nach ...	**Beispiele für Arztbezeichnungen**
...	
...	
...	
...	
...	

5 Peter ist überrascht, dass es so viele Gebiete und Teilgebiete gibt. Er schlägt ein Quiz vor. Abwechselnd nennt jeder einen Hauptaufgabenbereich, zu dem das betreffende Gebiet oder Teilgebiet geraten werden soll.

Hier die Aufgabenbereiche (ergänzen Sie das jeweilige Gebiet oder die Teilgebiete):

....: Erkrankungen des Harnsystems und der männlichen Geschlechtsorgane

....: Klinische Arzneimittelprüfung am Menschen

....: Anwendung radioaktiver Substanzen zur Diagnostik und Therapie

....: Erkrankungen der Stütz- und Bewegungsorgane, Unfallchirurgie

....: Anatomische und funktionelle Veränderungen des Sehorgans

....: Krankheiten des Herzens und des Kreislaufs

....: Erkrankungen des Hormonsystems

....: Krankheiten der Niere

6 Anschließend wird das Quiz andersherum gespielt (geben Sie nun die Aufgabenbereiche an):

Innere Medizin und Schwerpunkt Gastroenterologie: ....

....

Anästhesiologie: ....

....

....

....

7 Peter erzählt, dass er in seinem Stadtteil ein Praxisschild mit der Aufschrift „Praktischer Arzt" gesehen hat und fragt: „Was für eine Ausbildung hat dieser Arzt? Warum gibt es immer weniger Praktische Ärzte?" Jutta erläutert:

....

....

....

....

....

....

5 Berufe des Gesundheitswesens – Berufspflichten des Arztes

Situation:

Die Auszubildende Karin Schmidt aus der Praxis von Herrn Dr. Winfried Hardinghaus hat in der Berufsschule in der Verbindung mit dem Beruf des Arztes etwas über den „Eid des Hippokrates" gehört. In der Schule wurde erläutert, dass aus dem „Eid des Hippokrates" vom Weltärztebund das „Genfer Ärztegelöbnis" formuliert worden ist, das seit 1950 die Präambel (Vorspruch, Erklärung) für die Berufsordnung der einzelnen deutschen Ärztekammern ist.
Karin interessiert sich für das „Genfer Ärztegelöbnis" und bittet die Medizinische Fachangestellte Monika Düvel um den Text. Da Monika dieser Text nicht vorliegt, bittet sie Karin, den gewünschten Text selbst im Internet zu suchen.

....

....

....

....

....

....

....

....

....

....

....

....

....

....

....

1 Übernehmen Sie diese Aufgabe und stellen Sie in Stichpunkten die wichtigsten Inhalte heraus.

2 Nach der erfolgreichen Suche interpretieren Monika und Karin den Text und stellen fest, dass sich hieraus wichtige Regeln für die ärztliche Tätigkeit ableiten lassen. Nennen Sie die wichtigsten:

3 Danach fragt Karin: „Wo kann ich mich über weitere Pflichten des Arztes informieren?“

Nennen Sie die hier genannten wichtigsten Pflichten:

4 Nutzen Sie das Internet, um weitere Informationen über die Berufspflichten des Arztes zu erhalten (Tipp: www.bundesaerztekammer.de) und fassen Sie die gewonnenen Informationen über die einzelnen Pflichten stichpunktartig zusammen.
Im Anschluss berichtet Karin von einer Auslandsreise: „Was mich total überrascht hat, waren die großen Leuchtreklamen an den Häusern der Ärzte.“ Monika: „Das ist in Deutschland verboten. Wie der Arzt den Patienten über seine Berufstätigkeit informieren darf, regelt die

5 Suchen Sie mithilfe der oben genannten Internetadresse aus den neuen Regelungen der Berufsordnung aus dem Abschnitt B „Regeln zur Berufsausübung“, Kapitel IV „Berufliches Verhalten“ die Grundsätze zum Inhalt, zur Form und zum Umfang der Information des Arztes über seine Berufstätigkeit und zum Praxisschild heraus. Fassen Sie diese in Stichworten zusammen.

6 Berufsorganisationen – Berufsverbände für die Medizinischen Fachangestellten

Situation:

Die Medizinische Fachangestellte Monika Düvel war bei einer medizinischen Gewerbeschau (Messe). Dort hat sie auch den Stand eines Berufsverbandes besucht und sich Informationen zu diesem Thema eingeholt. In der Mittagspause erzählt sie hiervon der Auszubildenden Lisa Kampus. Während des Gesprächs stellt Lisa die folgenden Fragen. Helfen Sie ihr, diese zu beantworten.

1 Was ist ein Berufsverband?

2 Welche Ziele hat ein Berufsverband?

3 Ist die Mitgliedschaft in einem Berufsverband für eine Medizinische Fachangestellte verpflichtend?

4 Welche Berufsverbände gibt es für Medizinische Fachangestellte? Nennen Sie zwei Verbände (Bezeichnung, Abkürzung und Internetadresse).

	Bezeichnung	Abkürzung	Internetadresse
1			
2			

7 Berufsorganisationen der Ärzte

Situation:

Die Auszubildende Karin Schmidt bereitet sich auf eine Klassenarbeit vor. Es geht um das Thema „Berufsorganisationen der Ärzte“. Die Auszubildende Lisa Kampus legt demnächst die Zwischenprüfung ab und bereitet sich u. a. ebenfalls auf dieses Thema vor. Die beiden Auszubildenden überlegen sich Fragen zu diesem Thema, erstellen daraus ein Aufgabenblatt und testen ihren Lernfortschritt durch eigenständiges Lösen der Aufgaben.

Nachfolgend finden Sie die von Karin und Lisa erstellten Aufgaben, beantworten Sie diese.

1. Welche Berufsorganisationen gibt es für Ärzte bzw. Vertragsärzte? Geben Sie zwei Verbände an (Bezeichnung und Mitglieder).

	Bezeichnung	Mitglieder
1		
2		

2. Formulieren Sie in eigenen Worten: Welche Aufgaben haben die Ärztekammern?

3. Ergänzen Sie den folgenden Lückentext zum Thema „Landesärztekammern“:

Eine Mitgliedschaft in den Landesärztekammern ist für alle Ärzte ....

Auf Bundesebene sind die Landesärztekammern zur ....

zusammengeschlossen. Diese hat die folgende Internetadresse:

....

4 Ergänzen Sie den Lückentext zum Thema „Kassenärztliche Vereinigung“:

Die Kassenärztliche Vereinigung sichert die medizinische Versorgung der ……………………………………………………… Bevölkerung. Sie führt die ……………………………………………… diesbezüglicher Leistungen durch. Aus diesem Grund sind alle Ärzte ……………………………………………………………, die über eine Zulassung zur vertragsärztlichen Tätigkeit verfügen. Die Kassenärztliche Vereinigung ist somit die wirtschaftliche Vereinigung der ……………………………………………………….

Auf Bundesebene sind die Kassenärztlichen Vereinigungen der Länder zur ………………………………………………………………… zusammengeschlossen. Diese hat die folgende Internetadresse: ………………………………………………….

5 Formulieren Sie in eigenen Worten: Welche Aufgaben haben die Kassenärztlichen Vereinigungen?

6 Wie lauten die Kontaktdaten (Anschrift, Telefon- und Faxnummer, E-Mail) der Kassenärztlichen Bundesvereinigung? Ermitteln Sie diese aus dem Internet.

8 Arbeitsplatz Arztpraxis – Räumliche Aufteilung einer Arztpraxis, Einrichtung, Installation und Arbeitsbereiche der Praxisräume

Situation:

Die Schülerin Birgit Meier absolviert ein Schulpraktikum bei der Fachärztin für Allgemeinmedizin Dr. med. Burglind Tanz. Im Personalraum hat sie sich über den Beruf der Medizinischen Fachangestellten informiert. Nun wird sie aus dem Personalraum in das Sprechzimmer gerufen, um den Patienten Herrn Gruber in den Behandlungsraum zu begleiten, wo ein kleiner chirurgischer Eingriff durchgeführt werden soll. „Der Beruf der Medizinischen Fachangestellten bringt ganz schön viel Lauferei durch die Praxis mit sich", denkt Birgit. Aus diesem Grund macht sie sich Gedanken über die Praxisräume. Nachdem sie wieder im Personalraum angekommen ist, zeichnet sie einen Grundriss der Praxis.

1 Zeichnen Sie den Grundriss Ihrer Ausbildungspraxis.

2 Anschließend denkt Birgit darüber nach, warum die Praxis diesen spezifischen Aufbau hat und aus welchen Gründen es so viele verschiedene Räume gibt. Sie kommt zu folgender Begründung (vgl. Buch):

3 Bei Herrn Gruber wurde ein Holzsplitter lokalisiert und chirurgisch entfernt. In Gedanken verfolgt Birgit seinen Weg durch die Praxisräume und ordnet deren Funktionen den einzelnen Behandlungsschritten zu.
Sie kommt zu folgendem Ergebnis (vervollständigen Sie die Tabelle und zeichnen Sie Herrn Grubers Weg in Ihren Praxisgrundriss ein):

	Patientenschritt/Raum	Tätigkeiten
1	Herr Gruber betritt die Praxis, geht zur Anmeldung/Garderobe	→ Dokumentation der Anwesenheit → ggf. Vorlage der Versichertenkarte → Vorbereitung von Unterlagen, z. B. der Karteikarte
2		
3		
4		
5		

4 Abschließend denkt Birgit über die Räume nach, die zwar nicht von Herrn Gruber benutzt wurden, aber dennoch in der Praxis vorhanden sind. Nennen Sie die fehlenden Räume:

5 Erstellen Sie eine Übersicht zur Einrichtung und Ausrüstung aller Praxisräume unter den folgenden Gesichtspunkten:

6 Welchen hygienischen, klimatisch-biologischen und ergonomischen Anforderungen, auch unter Berücksichtigung der Arbeitssicherheit, müssen die klinisch genutzten Räume entsprechen?

9 Arbeitssicherheit und Gesundheitsschutz – Arbeitsmedizin

Situation:

Die Auszubildende zur Medizinischen Fachangestellten Karin Schmidt hat aus der Schule einen Aufsatz zum Thema „Arbeitsmedizin" mitgebracht. Diesen Text soll sie zur Vorbereitung auf die nächste Unterrichtsstunde mit eigenen Worten zusammenfassen. Beim Lesen des Textes ergeben sich die folgenden Fragen, die Karin zunächst beantworten muss, um den Text zu verstehen.

Beantworten Sie für Karin folgende Fragen:

1. Womit befasst sich die Arbeitsmedizin?

2. Was bedeuten die folgenden Abkürzungen?

	Abkürzung	Bedeutung
1	RöV	
2	BGW	
3	IfSG	
4	KrWG	
5	AMG	
6	MPBetreibV	
7	LAGA	
8	BGR	

	Abkürzung	Bedeutung
9	BtMG	
10	UVV	

3 Daneben wird von Gesetzen gesprochen, die für Mitglieder des Praxisteams in besonderen Lebensumständen bzw. für bestimmte Altersgruppen gelten. Welche Gesetze sind gemeint? Geben Sie auch die jeweilige Abkürzung an.

	Gesetz	Abkürzung
1		
2		

4 In dem Text werden verschiedene Situationen, Arbeitsmaterialien und -abläufe genannt, bei denen zur Verhütung von Unfällen die Beachtung bestimmter Regeln und Vorgehensweisen wichtig ist. Karin denkt über ihre Arbeit in der Praxis nach und überlegt sich sechs eigene Beispiele (nutzen Sie für Ihre Beispiele die Spiegelpunkte aus dem Buch, geben Sie aber eigene Beispiele an).

	Beispiel
1	
2	
3	
4	

	Beispiel
5	
6	

5 Für den Bereich der Hygiene wurde von der Kommission für Krankenhaushygiene und Infektionsprävention eine Empfehlung gegeben. Nennen Sie diese Empfehlung und geben Sie eine Internetadresse an, unter der diese Empfehlung eingesehen werden kann.

Bezeichnung	Internetadresse

10 Arbeitssicherheit und Gesundheitsschutz – Abfallentsorgung

Situation:

Das Praxisteam der Praxis für Allgemeinmedizin hat von Frau Dr. med. Burglind Tanz den Auftrag bekommen, eine Übersicht zu erstellen, wie die Abfallentsorgung in der Praxis durchzuführen ist. Diese Übersicht soll bis zur nächsten Teambesprechung erstellt werden, damit die Ergebnisse der einzelnen Teammitglieder besprochen und zu einer Gesamtübersicht zusammengefasst werden können. Die Auszubildende Lisa Kampus nutzt hierfür ihr Schulbuch und arbeitet zunächst die folgenden Oberbegriffe heraus: Röntgenabfälle, infektiöse Abfälle sowie spitze, scharfe und zerbrechliche Abfälle.

1 Mithilfe dieser Begriffe erstellt sie eine Tabelle und ergänzt diese, indem sie die jeweilige Form der Entsorgung in einer zweiten Spalte angibt.

Vervollständigen Sie die Tabelle auf der folgenden Seite.

	Oberbegriff	Entsorgung
1	Röntgenabfälle	
2	Infektiöse Abfälle	
3	Spitze, scharfe und zerbrechliche Abfälle (Sharps)	

Situation:

Im Laufe der Teamsitzung, bei der die Ergebnisse zusammengetragen werden, stellt sich heraus, dass einige Entsorgungsregeln bzw. -vorgaben noch unklar sind. Frau Dr. med. Burglind Tanz beauftragt Lisa, die gesetzlichen Grundlagen und Empfehlungen für die Abfallentsorgung in der Arztpraxis zu besorgen.

2 Nach welchen gesetzlichen Grundlagen und Empfehlungen ist die Abfallentsorgung in der Arztpraxis in erster Linie durchzuführen?

	Gesetzliche Grundlagen und Empfehlungen	Internetadresse
1		
2		
3		
4		
5		

Lernfeld 2: Patienten empfangen und begleiten

1 Patientenbetreuung – Grundbegriffe

Situation:

Die Auszubildende Karin Schmidt unterhält sich mit der Medizinischen Fachangestellten Monika Düvel. Karin erzählt: „Frau Dr. med. Tanz hat gesagt, meine Kommunikation mit den Patienten ist für diese nicht immer verständlich genug. Bei der Interaktion soll ich mehr auf die Patienten eingehen. Ich habe nicht verstanden, was sie damit meint. Nachzufragen habe ich mich nicht getraut. Kannst du mir weiterhelfen?" Im weiteren Gespräch klären Karin und Monika die folgenden Fragen:

1 Was bedeutet der Begriff „Kommunikation"?

2 Auf welchen Wegen kann Kommunikation ablaufen?

3 Was bedeutet der Begriff „Interaktion"?

4 Warum ist eine gute Kommunikation in einer Arztpraxis wichtig? Nennen Sie Beispiele:

2 Patientenbetreuung vor der Behandlung

Situation:

Ein neuer Patient, Herr Schönbein, betritt die Praxis. Schon am Eingang fällt der Medizinischen Fachangestellten an der Rezeption, Monika Düvel, Herrn Schönbeins Verhalten auf: Sein Gang ist etwas unsicher, er vermeidet den Blickkontakt, seine Hände sind verkrampft und er beißt sich ständig auf die Lippen.

1 Welchem Kommunikationsbereich lässt sich dieses Verhalten zuordnen? Erläutern Sie diesen kurz.

2 Wie schätzen Sie die Verfassung von Herrn Schönbein ein?

3 Welche Verhaltens- und Kommunikationsregeln sind für eine Unterhaltung mit Herrn Schönbein empfehlenswert bzw. zu beachten, um seinen Gemütszustand nicht zu verstärken?

4 Monika bittet Herrn Schönbein um die elektronische Gesundheitskarte und liest diese in den Computer ein. Herr Schönbein berichtet über Schmerzen in der seitlichen Bauchregion. Weil er zum ersten Mal in der Praxis ist, bittet Monika ihn, im Wartezimmer den Anamnesebogen auszufüllen. Da er zunächst nicht weiß, worum es geht, holt Monika einen zweiten Bogen und erklärt ihm dessen Aufbau und seine Funktion. Welche Kommunikationsbereiche werden berührt? Erläutern Sie diese kurz.

Herr Schönbein geht darauf in das Wartezimmer, füllt den Anamnesebogen aus und kommt zurück. Monika bittet ihn, im Wartezimmer auf die Behandlung zu warten.

5 Planen Sie entsprechende Dialoge zur Praxissituation mit Herrn Schönbein (neuer Patient, Anmeldung, Anamneseerhebung, Wartezimmer etc.) jeweils mit einem Patienten mit Behinderung, einem Schmerzpatienten, einem Patienten mit Migrationshintergrund und mit einem Kind. Führen Sie diese Dialoge als Rollenspiele vor und diskutieren Sie über Möglichkeiten der Patientenbetreuung.

3 Patientenbetreuung/Rollenverhalten

Situation:

Nachdem Frau Dr. Burglind Tanz mit Herrn Schönbein gesprochen hat, ordnet sie an, Herrn Schönbein für eine Ultraschalluntersuchung in das Untersuchungszimmer zu bringen. Die Medizinische Fachangestellte Monika Düvel übernimmt diese Aufgabe. Sie bittet Herrn Schönbein, sich auf die Behandlungsliege zu legen, während sie die notwendige Vorbereitung für die Untersuchung durchführt.

1 Was halten Sie von diesem Verhalten?

2 Herr Schönbein liegt starr vor Angst auf der Liege, da er das Wort „Ultraschall" gehört hat und er nicht weiß, was ihn erwartet. Zögerlich fragt er Monika Düvel. Wie würden Sie sich verhalten?

3 Daraufhin zeigt sich Herr Schönbein sehr interessiert und möchte sich weiterhin mit der Thematik befassen. Wie können Sie ihn dabei unterstützen?

4 Nennen Sie Regeln, die während des Gesprächs im Untersuchungszimmer zu beachten sind.

Die anschließende Untersuchung durch Frau Dr. med. Tanz verläuft ohne Komplikationen.

5 Planen Sie entsprechende Dialoge zur Patientenbetreuung während der Behandlung jeweils mit einem Patienten mit Behinderung, einem Schmerzpatienten, einem Patienten mit Migrationshintergrund und mit einem Kind für unterschiedliche Behandlungssituationen (z. B. Injektion, kleiner chirurgischer Eingriff, Röntgenuntersuchung). Führen Sie diese Dialoge als Rollenspiele vor und diskutieren Sie über Möglichkeiten der Patientenbetreuung.

6 Stellen Sie für ein Ratespiel mit dem Motto „Wie geht es mir?" emotionale Zustände pantomimisch dar und lassen Sie diese von Mitschülerinnen oder Mitgliedern des Praxisteams erraten.

4 Patientenbetreuung nach der Behandlung

Situation:

Frau Dr. med. Tanz erläutert Herrn Schönbein die durch die Ultraschalluntersuchung gewonnenen Erkenntnisse und diagnostiziert sein Leiden. Da es medikamentös zu behandeln ist, schreibt sie ein Rezept aus und erläutert die Dosierung und Art der Anwendung. Anschließend verabschiedet sie sich von Herrn Schönbein, um den nächsten Patienten zu behandeln. Sie bittet Ingrid, alles Weitere zu veranlassen.

1 Welche Tätigkeiten zur Betreuung von Herrn Schönbein erwartet Frau Dr. med. Tanz von ihrer Medizinischen Fachangestellten?

2 Herr Schönbein fühlt sich noch etwas wackelig auf den Beinen. Wie würden Sie sich in einem derartigen Fall verhalten?

5 Kommunikationsverhalten in besonderen Situationen – Kommunikation an der Rezeption

Situation:

Am späten Nachmittag ruft Herr Schönbein in der Praxis an, da er noch Fragen zur Dosierung des Medikaments hat. Die Medizinische Fachangestellte Karin Schmidt hat an der Anmeldung alle Hände voll zu tun. Gleichzeitig steht ein anderer Patient an der Anmeldung und wartet auf einen neuen Termin. Deshalb lässt Karin zunächst das Telefon lange klingeln, um Zeit zu gewinnen. Da sie sich nicht auf das Gespräch konzentrieren kann, meldet sie sich mit „Ja?". Herr Schönbein ist zunächst völlig verdutzt und sagt nichts. Daraufhin legt Karin den Hörer zur Seite, um den anderen Patienten zu betreuen. Herr Schönbein hört dieses Gespräch am Telefon mit und weiß nun, dass er richtig verbunden wurde. Geduldig wartet er am Telefon, bis sich Karin wieder meldet: „Worum geht es denn?" Herr Schönbein formuliert seine Frage, die sich auf die Dosierung seines Medikaments bezieht. Da schon wieder ein neuer Patient die Praxis betritt und Frau Dr. med. Tanz durch die Sprechanlage Unterlagen anfordert, verweist Karin Herrn Schönbein auf die Packungsbeilage.

1 Welche Fehler macht Karin während des Telefongesprächs?

2 Wie lassen sich diese Fehler vermeiden?

3 Formulieren Sie zu dieser Praxissituation in Stichworten ein Telefongespräch mit einer vorbildlichen Gesprächsführung und führen Sie diesen Dialog als Hörspiel vor.

6 Kommunikationsverhalten in besonderen Situationen – Kommunikation am Telefon

Situation:

Die Medizinische Fachangestellte Monika Düvel hat gerade ihren Platz an der Rezeption eingenommen, da klingelt schon das Telefon. Sie hebt ab und meldet sich: „Praxiszentrum Dr. Bödeker – Dr. Tanz, Monika Düvel, guten Tag". Frau Vera Columna ist eine Patientin, die unter chronischen Rückenschmerzen leidet. Sie bittet um einen baldigen Termin für eine Untersuchung bei der Orthopädin und Unfallchirurgin Frau Dr. Stolte. Die Patientin kommt zum ersten Mal in die Praxis, weil ihr eine Freundin Herrn Dr. Bödeker empfohlen hat. Monika Düvel weiß, dass der erste Kontakt mit der Praxis häufig über das Telefon läuft. Ein Patient, der sich am Telefon verstanden und gut betreut fühlt, entscheidet sich leichter für den Weg in die Praxis.

1 Welche Regeln muss Monika Düvel bei Telefongesprächen beachten?

2 Beurteilen Sie die folgenden Aussagen über die Kommunikation am Telefon in der Praxis. Kreuzen Sie die richtigen Aussagen an.

- ☐ Ich lasse das Telefon immer möglichst lange klingeln, denn jeder Anrufer stört mich nur unnötig bei meiner Arbeit.
- ☐ Am Telefon muss ich besonders auf meine Wortwahl achten, denn ich kann das Gespräch nicht durch nonverbale Botschaften unterstützen.
- ☐ Ich spreche den Patienten wiederholt mit seinem Namen an. So vermittle ich ihm das Gefühl, dass ich ganz für ihn da bin.
- ☐ Ich unterbreche den Redefluss des Patienten gleich zu Beginn des Gesprächs. So vermeide ich Zeitverluste und Telefonkosten.
- ☐ Ich frage nach, wenn ich etwas nicht verstanden habe.
- ☐ Ich gebe klare, vollständige Erklärungen und Anweisungen und erspare so dem Patienten Rückrufe.
- ☐ Mein Telefonarbeitsplatz ist so vorbereitet, dass ich mir während des Telefongesprächs bereits Notizen machen kann.
- ☐ Bei Unsicherheiten und Notfällen informiere ich den Arzt/die Ärztin.
- ☐ Am Telefon muss die Schweigepflicht nicht beachtet werden.
- ☐ Wenn mich ein Anrufer verärgert, lege ich einfach auf.
- ☐ Ich verabschiede den Patienten freundlich mit seinem Namen.
- ☐ Bevor ich ein Telefongespräch führe, überlege ich, wie ich meine „Botschaft" kurz und verständlich vermitteln kann und bereite die erforderlichen Unterlagen vor.

7 Kommunikationsstörungen

1 Nennen Sie Ursachen für Kommunikationsstörungen.

2 a) Lösen Sie die 16 Unteraufgaben in drei Minuten. Für die Anzahl der Aufgaben ist diese Zeit knapp bemessen. Beeilen Sie sich deshalb mit der Lösung. Folgen Sie gewissenhaft und exakt den Anweisungen. Lösen Sie die Aufgaben allein und ohne Hilfe. Sie dürfen keine Fragen stellen. Es ist nur der Blick auf das eigene Blatt erlaubt. Sollten Sie vor Ablauf der Zeit fertig sein, bleiben Sie still sitzen:

1. Lesen Sie alle Aufgaben, bevor Sie etwas machen.
2. Gehen Sie konzentriert und umsichtig vor.
3. Malen Sie ein Strichmännchen neben Aufgabe 15.
4. Schreiben Sie Ihren Namen in die untere linke Ecke dieser Seite.
5. Zeichnen Sie eine Wolke um das Wort „konzentriert“ in Aufgabe 2.
6. Malen Sie sechs kleine Kreise unter diese Aufgabe.
7. Schreiben Sie den Anfangsbuchstaben Ihres Vornamens in jeden Kreis.
8. Schreiben Sie ein Wort, welches mit dem ersten Buchstaben Ihres Nachnamens beginnt, in die linke obere Ecke.
9. Schreiben Sie ein Wort, welches mit dem letzten Buchstaben Ihres Nachnamens beginnt, in die rechte obere Ecke.
10. Multiplizieren Sie auf einem Extrablatt 111 mit 987.
11. Addieren Sie zum Ergebnis aus Aufgabe 10 die Zahl 555.
12. Schreiben Sie das Ergebnis aus Aufgabe 11 in die rechte untere Ecke.
13. Klatschen Sie dreimal mit den Händen.
14. Wenn Sie sicher sind, bislang alle Aufgaben richtig gelöst zu haben, notieren Sie neben den Kreisen bei Aufgabe 6: „korrekt und richtig“.
15. Atmen Sie dreimal mit geschlossenen Augen tief ein und aus, bearbeiten Sie dann Aufgabe 16.
16. Wie in Aufgabe 1 formuliert, haben Sie jetzt alles gründlich gelesen. Folgen Sie nur Aufgabe 4.

b) Vergleichen Sie Ihre Lösung mit den Lösungen der Mitschüler/-innen.

c) Wenn Sie Fehler gemacht haben, woran liegt das?

d) Was hat dieser Test mit Kommunikationsstörungen zu tun?

3 Nennen Sie Begebenheiten aus der Praxis, die zu Kommunikationsstörungen führen können.

4 Geben Sie zu den von Ihnen genannten Praxissituationen Lösungsstrategien an (Konfliktlösung).

5 Arbeiten Sie Rollenspiele zu konfliktgeladenen Praxissituationen mit dem Praxisteam aus, führen Sie diese vor und diskutieren Sie über Möglichkeiten der Konfliktlösung.

8 Kommunikationsstörungen/Mobbing

Situation:

Beantworten Sie die im Text gestellten Fragen zum Thema „Mobbing und Konfliktlösung". Die Auszubildende Karin sucht das Gespräch mit der Medizinischen Fachangestellten Monika Düvel und berichtet von ihren Sorgen in der Praxis: „Ich habe eigentlich nur zu Dir ein positives Verhältnis. Alle anderen verhalten sich so komisch. Für mich ist das Mobbing."

1 Erklären Sie den Begriff „Mobbing".

Monika Düvel kann Karins Einschätzung nicht nachvollziehen und fragt nach den Anzeichen ihrer Einschätzung. Karin berichtet: „Ingrid macht mich immer lächerlich und verbreitet Gerüchte, jeden Fehler, den ich gemacht habe, bauscht sie auf und erzählt ihn sofort Frau Dr. Tanz. Diese zeigt immer weniger Verständnis und fängt inzwischen immer an zu schimpfen, schon bei dem kleinsten Missgeschick. Ich kann mich kaum rechtfertigen, immer unterbricht sie mich und glaubt nur Ingrid."

2 Nennen Sie weitere Anzeichen/Handlungen, die auf Mobbing hinweisen können.

Monika Düvel: „So wie du es mir jetzt schilderst, kann es wirklich stimmen, ich bekomme ja nicht alles mit, aber von Ingrid hab ich noch nichts Positives über dich gehört. Wie hat das denn begonnen?"
Karin: „Alles ging los, als ich mit Ingrid im Behandlungszimmer war und Frau Dr. Tanz Ingrid eine medizinische Frage gestellt hat. Sie konnte diese nicht beantworten, ich aber, da gerade darüber in der Berufsschule gesprochen worden war. Ingrid ist ganz rot geworden und war danach nur noch unfreundlich zu mir."
Monika Düvel: „Alles klar, also ich sehe für Ingrids Verhalten folgende Ursachen."

3 Geben Sie eine Erklärung an.

Karin: „Kann gut sein. Mir macht das echt alles zu schaffen. Ich kann kaum schlafen, das geht einem wirklich an die Nieren."

4 Nennen Sie weitere typische Störungen und Beschwerden, die durch Mobbing entstehen können.

Monika Düvel: „Wie hast Du Dich denn danach gegenüber Ingrid verhalten?"
Karin: „Ich hab mich immer mehr von ihr zurückgezogen und mich zurückhaltend verhalten. Inzwischen bin ich so unsicher, dass ich mich deshalb generell schon oft falsch verhalte, und so mache ich auch mehr Fehler. Letztens ging es mir so schlecht, dass ich nicht mehr arbeiten konnte und zum Arzt gehen musste."

5 In welchen Phasen läuft Mobbing ab? Legen Sie den geschilderten Fall zugrunde.

6 Wie wird Karin sich Ihrer Einschätzung nach weiter verhalten?

7 Wie kann sich Karin wehren? Nennen Sie Lösungsmöglichkeiten bzw. Gegenmaßnahmen.

Lernfeld 3: Praxishygiene und Schutz vor Infektionskrankheiten organisieren

1 Infektionsquellen in der Arztpraxis

Situation:

Jana und Karin wundern sich, als sie zu Beginn ihrer Ausbildung von Frau Dr. med. Tanz ein Merkblatt zum Thema „Praxishygiene/Schutz vor Infektionskrankheiten" in die Hand gedrückt bekommen. „Bitte lesen Sie sich unser Infoblatt sorgfältig durch", sagt Frau Dr. Tanz. „Ihre Fragen besprechen wir dann morgen." Der Text wimmelt von Fachausdrücken, die den beiden Auszubildenden noch nicht geläufig sind. „Mikroorganismen? Was heißt das denn?", wundert sich Jana.

1. Helfen Sie Jana. Was versteht man unter „Mikroorganismen"?

2. Fügen Sie bitte folgende Begriffe sinnvoll in die Grafik ein.

• Aerobier • Anaerobier • benötigen Wirtszelle • gramnegativ • grampositiv • kein Zellstoffwechsel • keine Kernmembran • kleinste Mikroorganismen • Kokken • Malariaerreger • Mykose • pflanzenähnliche Zellwand • Spirochäten • Stäbchen • tierische Einzeller • Toxoplasmen • Trichomonaden • Vermehrung durch Zellteilung oder Sporenbildung • Wachstum auf Nährböden.

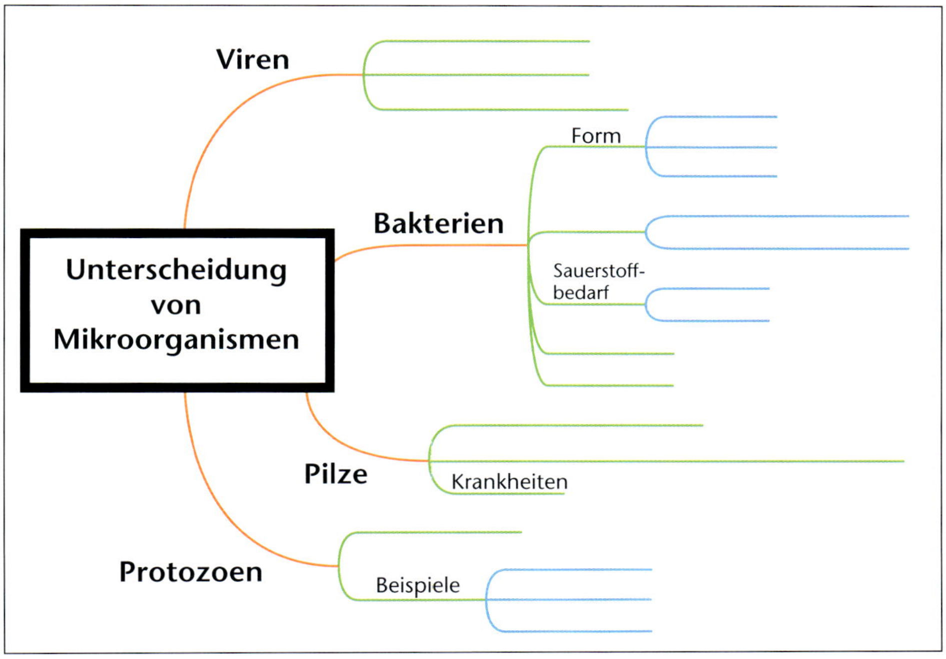

3 Übersetzen Sie folgende Fachausdrücke, die auf dem Merkblatt genannt sind.

apathogen: ....

....

pathogen: ....

....

fakultativ pathogen: ....

....

4 Mikroorganismen können von einer Infektionsquelle aus auf verschiedenen Wegen zu dem Organismus gelangen, in den sie eindringen und in dem sie sich vermehren möchten. Ordnen Sie den unten aufgeführten Krankheitserregern ihren jeweiligen Übertragungsweg zu.

Grippeviren	☐	A	perkutane Infektion
Hepatitis-B-Viren	☐	B	Tröpfcheninfektion
Herpes-Viren	☐	C	Schmierinfektion
Hepatitis-A-Viren	☐	D	Kontaktinfektion
Tuberkelbakterien	☐	E	Wasser- und Nahrungsmittelinfektion
Salmonellen	☐	F	Geschlechtsverkehr

5 Ordnen Sie den folgenden Bakterien eine Erkrankung zu.

Escherichia coli	☐	A	Scharlach
Helicobacter pylori	☐	B	Keuchhusten
Mycobakterien	☐	C	Harnweginfekt
Streptokokken	☐	D	Ulcus duodeni
Bordetella pertussis	☐	E	Tuberkulose

6 Herr Dr. med. Bödeker bittet seinen Medizinischen Fachangestellten Stefan Schröder, der Schülerin Birgit, die zurzeit ein Schulpraktikum in der Praxis absolviert, die möglichen Infektionsquellen und Übertragungswege in einer Arztpraxis aufzuzeigen. Erledigen Sie für Stefan Schröder diese Aufgabe.

....

7 Um die Übertragung von Krankheitserregern zu verhindern, kann entweder die Infektionsquelle beseitigt oder der Übertragungsweg unterbrochen werden. Nennen Sie für jede Methode zwei Maßnahmen.

a) Beseitigung der Infektionsquelle durch: (Bitte Fachausdruck mit Erklärung!)

....

....

....

b) Unterbrechung des Übertragungswegs durch:

....

....

....

8 Gerade in einer Arztpraxis ist trotz dieser Maßnahmen ein Kontakt mit besonders gefährlichen Krankheitserregern nicht immer zu vermeiden. Warum ist diese Gefahr in einer Arztpraxis besonders groß?

....

....

....

....

9 Wie kann gegen mindestens einen Krankheitserreger ein zusätzlicher Schutz des medizinischen Personals erreicht werden?

....

....

....

10 Ergänzen Sie bitte folgenden Lückentext.

Krankheitserreger können in den menschlichen Organismus eindringen. Dieser Vorgang wird .... genannt. Um die Krankheitserreger zu bekämpfen, bildet der Organismus ...., d. h., er ist für das weitere Leben .... Derselbe Effekt wird erreicht, wenn einem Organismus abgeschwächte oder abgetötete Krankheitserreger eingespritzt werden, dies wird .... Impfung genannt.

11 In den Berufsgenossenschaftlichen Regeln für Sicherheit und Gesundheit bei der Arbeit (BGR 250/TRBA 250) steht unter 9.4 Impfangebote:

> Der Unternehmer hat den Versicherten Impfungen anzubieten, wenn Tätigkeiten ausgeführt werden, bei denen es regelmäßig und in größerem Umfang zum Kontakt mit infektiösem oder potenziell infektiösem Material wie Körperflüssigkeiten, -ausscheidungen oder -gewebe kommen kann.
>
> *Quelle: Ausschuss für biologische Arbeitsstoffe, www.baua.de/nn_15116/de/Themen-von-A-Z/Biologische-Arbeitsstoffe/TRBApdf/TRBA-250.pdf, S. 31, Zugriff am 17.02.2010*

a) Nennen Sie den Erreger, vor dem Sie als Auszubildende in einer Arztpraxis durch Immunisierung besonders geschützt werden müssen.

b) Um welche Art der Immunisierung handelt es sich?

c) Beschreiben Sie den Ablauf der Grundimmunisierung.

d) Beschreiben Sie die Impfung, die durchgeführt werden müsste, wenn Sie sich mit einer benutzten Kanüle gestochen hätten.

e) Vor welchen Erregern wären Sie in diesem Fall allerdings immer noch nicht geschützt?

2 Schutzimpfungen

Situation:

Markus hat sich beim Fußballspielen eine Wunde am Schienbein zugezogen. Nach der Wundversorgung fragt Dr. med. Bödeker noch nach dem Tetanusimpfschutz. Markus hat vor fünf Jahren seine letzte Tetanusimpfung erhalten. Herr Dr. med. Bödeker empfiehlt eine Auffrischimpfung mit Tetanol. Wenn Markus noch nie gegen Tetanus geimpft worden wäre, hätte er jetzt eine Simultanimpfung gegen Tetanus erhalten. Erklären und begründen Sie diese beiden Impfmaßnahmen.

1 Auffrischimpfung:

Simultanimpfung:

2 Markus Mutter bittet den Arzt bei dieser Gelegenheit, den Impfpass von Markus zu kontrollieren. Nennen Sie zwei weitere Krankheiten, gegen die Markus geimpft sein sollte. Begründen Sie, warum gegen diese Erreger geimpft wird.

Krankheit	Grund für die Impfung

3 Tetanuserreger werden als „grampositive sporenbildende anaerobe Bakterien" bezeichnet. Erklären Sie folgende Begriffe:

grampositiv: ....

anaerob: ....

Spore: ....

4 Wodurch unterscheiden sich Bakterien von Viren?

....

Was hat das für Auswirkungen

a) für ihren Nachweis? ....

b) für die Therapie? ....

5 Nennen Sie zwei Krankheitserreger, die in der Regel durch Geschlechtsverkehr übertragen werden.

....

6 Was versteht man unter „Postexpositionsprophylaxe"?

....

3 Hygienische Maßnahmen in der Arztpraxis

Situation:

„Du arbeitest bei einer Ärztin?" fragt Roger, der Karin bei einer Party getroffen hat, interessiert. „Da wirst du doch dauernd krank! Bin ich froh, dass ich nichts mit kranken Leuten zu tun habe!" „Wohl noch nie etwas von Hygiene und Desinfektion gehört?", entgegnet Karin. „In jeder Arztpraxis gibt es hygienische Maßnahmen, um die Übertragung von Krankheiten zu verhindern." Roger möchte nun mehr darüber erfahren: „Wie genau läuft Desinfektion denn in eurer Praxis ab? Kannst du mir das erklären?"

1 Desinfektion findet in der Praxis hauptsächlich auf chemischem Weg statt. Welche der unten angeführten Stoffe finden als Bestandteile von Desinfektionsmitteln keine Anwendung? Kreuzen Sie bitte richtig an.

a) Aldehyde	☐	c) Alkohole	☐	e) Oxidationsmittel	☐
b) Kochsalz	☐	d) Glukoselösung	☐	f) Laugen	☐

2 Karin informiert sich im Internet. Welche der folgenden Aussagen zum Einsatz von Desinfektionslösungen sind falsch?

a) Eine falsch gewählte Konzentration kann die Wirksamkeit eines Desinfektionsmittels beeinflussen.
b) Die Einwirkzeit spielt bei modernen Desinfektionsmitteln keine Rolle.
c) Für verschiedene Materialien werden unterschiedliche Desinfektionsmittel verwendet.
d) Desinfektionsmittel können die Umwelt belasten.
e) Desinfektionsmittel können die Gesundheit des Personals gefährden.

3 a) Welche chemische Substanz ist besonders geeignet für die Händedesinfektion?

....

....

b) Welche beiden Eigenschaften dieser Substanz sind dafür verantwortlich?

....

....

4 Nach BGR 250/TRBA 250, 4.1.2.3 ist für jede Praxis ein Hygieneplan zu erstellen. Was ist in einem Hygieneplan festgelegt?

....

....

....

....

....

5 Welche der in einer Praxis tätigen Personen betrifft der Hygieneplan? Wählen Sie unter den folgenden Aussagekombinationen die richtige aus.

1. Ärzte
2. Medizinische Fachangestellte
3. Auszubildende
4. Reinigungspersonal
5. Röntgenpersonal

a) 2 – 3 – 4 b) 2 – 3 – 5 c) 1 – 3 – 5 d) 1 – 2 – 3 – 4 e) 1 – 2 – 3 – 4 – 5

6 Erstellen Sie für Ihre Ausbildungspraxis einen Hygieneplan, indem Sie die fehlenden Aussagen ergänzen.

Hygieneplan für die ärztliche Praxis

Was	Wann	Wie
Hygienische Händedesinfektion		
Chirurgische Händedesinfektion		

Was	Wann	Wie
Hände- und Hautpflege		
Ärztliche Instrumente		
Behandlungsliege, Labortisch		
Fußböden		

7 Um für die verschiedenen Bereiche der Desinfektion geeignete Desinfektionsmittel auswählen zu können, benötigen Sie eine Liste aller vom BGA (Robert Koch-Institut) geprüften und zugelassenen Desinfektionsmittel. Bestellen Sie eine solche Liste, z. B. über das Internet. Wovon hängt die Auswahl eines Desinfektionsmittels ab? Ordnen Sie folgende Kriterien nach ihrer Wichtigkeit für die Entscheidung. Nummerieren Sie bitte von 1–5.

- Preis ☐
- Wirkung auf die Keimarten ☐
- Materialverträglichkeit ☐
- Konzentration ☐
- Einwirkzeit ☐

8 Am Ende eines arbeitsreichen Tages möchte Karin schnell noch die Instrumente, die sich in dem Desinfektionsbad angesammelt haben, für die Sterilisation vorbereiten. Wovon hängt es ab, ob sie die Instrumente aus dem Desinfektionsbad herausnehmen darf? Kreuzen Sie bitte an (mehrere Kreuze möglich).

Es hängt davon ab:

a) wie eilig es ist, die Instrumente wieder gebrauchsfertig zu haben. ☐
b) wie lang die Wirkzeit des Desinfektionsmittels ist. ☐
c) wie lange die Instrumente schon in der Desinfektionslösung liegen. ☐
d) wie hoch die Konzentration der Desinfektionslösung ist. ☐
e) wie lange das Instrument in der Desinfektionslösung liegt, das als Letztes hineingegeben wurde. ☐

9 Nach BGR 250/TRBA 250, 4.1.3 und 4.2.5 hat der Unternehmer den Beschäftigten a) dünnwandige und flüssigkeitsdichte Handschuhe, b) feste, flüssigkeitsdichte Handschuhe zur Verfügung zu stellen. Wozu werden die Handschuhe jeweils benötigt?

a) ....

b) ....

10 Wenn Sie mit Ihren Mitschülern über Sterilisation sprechen, werden Sie hören, dass nicht alle den gleichen Sterilisator in ihrer Ausbildungspraxis einsetzen. Welche beiden Arten von Sterilisatoren kommen vor?

....

11 Überlegen Sie, warum in Ihrer Ausbildungspraxis die Entscheidung für ein bestimmtes Gerät getroffen worden ist.

Die Auswahl eines Sterilisators hängt davon ab, ...

....

....

12 Welcher Sterilisator arbeitet mit gespanntem und gesättigtem Dampf?

....

....

13 Erklären Sie die Begriffe:

a) gespannter Dampf: ....

b) gesättigter Dampf: ....

14 Welche beiden Vorteile hat dieser Sterilisator (Aufgabe 11)?

....

....

....

15 Was gehört zur persönlichen Schutzausrüstung (PSA)?

....

....

....

16 Was sind kritische Medizinprodukte?

....

....

....

....

....

17 Nach welcher Checkliste erfolgt die Sterilisiergutfreigabe?

....

....

....

....

....

....

....

18 Trotz regelmäßiger Wartung des Sterilisators kann es vorkommen, dass die Sterilisation nicht ausreichend ist. Daher sind regelmäßige Funktionskontrollen entweder biologisch oder mithilfe von Thermoindikatoren vorgeschrieben. Was versteht man unter einer „biologischen Funktionsprüfung“?

a) Der Sterilisator muss mindestens zweimal jährlich benutzt werden.
b) Die Wirksamkeit muss mithilfe des Einsatzes von Sporenpäckchen mindestens zweimal pro Jahr nachgewiesen werden.
c) Zweimalige jährliche Untersuchung der Geräte durch ein biologisch-chemisches Institut.
d) Funktionsprüfung durch einen Biologen.

4 Infektionskrankheiten

Situation:

Frau Gruber kommt mit ihrer 9-jährigen Tochter Klara in die Praxis. Sie war fünf Jahre im Ausland und möchte von Monika Düvel wissen, ob ihre Tochter alle für Kinder empfohlenen Schutzimpfungen erhalten hat. Nach Durchsicht des Impfausweises stellt Monika fest, dass Klara die letzte Impfung im Alter von zwei Jahren erhalten hat.

1 Überprüfen Sie anhand des Impfkalenders für Kinder, welche Impfungen erfolgen müssen und ob alle Impfungen durchgeführt worden sind.

2 Ordnen Sie den folgenden Begriffen zum Thema „Infektionen" die jeweils zutreffende Definition zu.

a) Virulenz	☐	A	Empfänglichkeit des Menschen für Krankheiten
b) Immunität	☐	B	die Fähigkeit von Mikroorganismen, eine Krankheit auslösen zu können
c) Pathogenität	☐	C	Widerstandsfähigkeit gegenüber Krankheiten
d) Disposition	☐	D	sie bestimmt die Schwere der Krankheit
e) Resistenz	☐	E	natürlich oder künstlich erworbene Abwehrkraft gegenüber krank machenden Erregern

3 Nennen Sie vier Übertragungswege von Krankheitserregern von Mensch zu Mensch.

a) ....

b) ....

c) ....

d) ....

4 Welche bakterielle Infektionskrankheiten können Spätfolgen, wie z. B. Myokarditis, nach sich ziehen?

....

....

5 Eine Patientin mit einem Zeckenstich in der Leiste betritt die Praxis. Erklären Sie der Patientin, welche Erkrankungen durch Zecken übertragen werden und wie diese Infektionen verlaufen.

....

....

....

....

....

....

....

6 Erklären Sie einem 60-jährigen Diabetespatienten, warum er sich gegen Grippe impfen lassen sollte.

....

....

....

7 Welche Aussagen über Aids bzw. HIV treffen zu? Kreuzen Sie an.

- ☐ Der Verlauf der Erkrankung wird in vier Stadien eingeteilt.
- ☐ Die Zeitspanne zwischen Ansteckung und Ausbruch der Erkrankung kann mehrere Jahre dauern.
- ☐ Die Übertragung erfolgt durch Körperflüssigkeiten.
- ☐ Aids bedeutet „erworbenes Immundefektsyndrom". Es gibt kein einheitliches Krankheitsbild.
- ☐ Es gibt seit einem Jahr eine Impfung.
- ☐ Es werden hauptsächlich die Erythrozyten befallen.

8 Welche Erkrankungen können durch eine Reinfektion entstehen?

....

9 Überprüfen Sie folgende Aussagen und kreuzen Sie die richtigen an.

	richtig	falsch
a) Mykosen werden durch Protozoen hervorgerufen.	☐	☐
b) Hefepilze der Gattung Candida befallen Haut und Schleimhäute.	☐	☐
c) Die Erreger der Malaria werden durch eine Stechmücke übertragen.	☐	☐
d) Eine Erstinfektion mit Toxoplasma gondii ist während der Schwangerschaft gefährlich.	☐	☐
e) Von Würmern verursachte Infektionskrankheiten werden durch Blutuntersuchungen diagnostiziert.	☐	☐

10 Eine Patientin plant eine Rundreise durch Afrika. Sie möchte auch durch Gebiete reisen, die als „Malariagebiete" gelten. Wie kann sich diese Patientin schützen? Informieren Sie sie über die Prophylaxemöglichkeiten.

....

....

....

5 Infektionskrankheiten – Immunsystem

Situation:

Lisa geht zu Monika Düvel an die Rezeption, um Rezeptformulare zu holen. Sie erzählt ihrer Kollegin, dass der kleine Tobias schon wieder an einer Halsentzündung leide. Monika antwortet: „Das Immunsystem von Tobias muss sich gegen viele Krankheitserreger zur Wehr setzen. Um diese Aufgabe zu erfüllen, arbeiten verschiedene Blutzellen zusammen. Kennst du die Aufgaben der Leukozyten?"

1 Helfen Sie Lisa, Monikas Fragen richtig zu beantworten. Kreuzen Sie alle Zellen an, die Krankheitserreger „auffressen" können.

a) neutrophile Granulozyten	☐	d) Erythrozyten	☐	g) T-Helferzellen	☐
b) Plasmazellen	☐	e) Monozyten	☐	h) T-Suppressorzellen	☐
c) Makrophagen	☐	f) T-Killerzellen	☐	i) Thrombozyten	☐

2 Welche Zellen bilden die Antikörper?

a) Monozyten	☐	c) Plasmazellen	☐	e) Gewebemakrophagen	☐
b) Granulozyten	☐	d) Killerzellen	☐		

3 Welcher Stoff darf keine Reaktion des Immunsystems auslösen?

a) Krebszellen ☐ c) Fremdkörper ☐
b) Parasiten ☐ d) körpereigenes Gewebe ☐

4 Welche Zellen speichern die Informationen für die bleibende Immunität?

a) Monozyten ☐ c) Plasmazellen ☐ e) Granulozyten ☐
b) Immungedächtniszellen ☐ d) T-Helferzellen ☐

6 Infektionskrankheiten – Hepatitis A, Hepatitis B und Hepatitis C

Situation:

Lisas Freundin Nadja möchte mit ihren Eltern Urlaub in der Türkei machen. Sie hat gehört, dass man sich gegen Hepatits A impfen lassen sollte. Sie fragt Karin, ob sie ihr erklären kann, warum diese Impfung empfohlen wird und wie die Impfung durchgeführt wird.

1 Erklären Sie Nadja, warum für Reisende in bestimmten Ländern diese Impfung empfohlen wird.

2 Was trifft auf diese Impfung zu? Kreuzen Sie bitte richtig an.

a) als Aktivimpfung ☐ b) als Passivimpfung ☐ c) 2. Impfung erfolgt 6–12 Monate nach der ersten Impfung ☐
d) Schutz besteht bereits zwei Wochen nach der ersten Impfung ☐
e) Schutz besteht ca. zwei Wochen nach der zweiten Impfung ☐

3 Welches sind typische Symptome bei einer Hepatitis-A-Erkrankung? Kreuzen Sie bitte richtig an.

a) Fieber ☐ c) Übelkeit ☐ e) Kopfschmerzen ☐
b) Obstipation ☐ d) Gelenkschmerzen ☐ f) Gewichtsabnahme ☐

4 Inzwischen ist auch Lisas Freundin Jasmin gekommen und hört den beiden interessiert zu. Jasmin möchte sich piercen lassen. Ihre Mutter hat ihr Angst gemacht, man könne sich beim Piercen mit Hepatits B infizieren. Sie möchte von Karin wissen, was Hepatitis B ist und wie man sich „anstecken" kann.

Erklären Sie Jasmin die Übertragungswege von Hepatitis B.

Hat Jasmins Mutter recht?

5 Welche Aussagen zu Hepatitis B treffen zu? Kreuzen Sie bitte richtig an.

a) Die Übertragung erfolgt fäkal-oral. ☐
b) Hepatitis-B-Impfung ist eine Passivimpfung. ☐
c) Der Virus wird durch Blut übertragen. ☐
d) Der Schutz beginnt 14 Tage nach der zweiten Impfung. ☐
e) Die Inkubationszeit beträgt eine Woche. ☐
f) Antigene lassen sich im Blut nachweisen. ☐
g) Der Impfstoff wird dreimal in den Oberarm injiziert. ☐

6 Die beiden Freundinnen von Lisa haben vor Kurzem etwas über Hepatitis C gehört. Vervollständigen Sie den Lückentext.

Hepatitis C ist eine ……………………………… krankheit, die ……………………………… übertragen wird. Die Inkubationszeit beträgt ……………………………… . Sie verläuft in 50–85 % der Fälle ……………………………… . Häufig wird die Infektion ……………………………… oder wie ……………………………… wahrgenommen. Hepatitis C kann in ……………………………… oder ……………………………… übergehen.

7 Lisa entwirft mit ihren beiden Freundinnen ein Kreuzworträtsel, das sie am nächsten Tag ihrer Kollegin Karin in die Praxis mitbringen möchte. Helfen Sie Karin beim Lösen. Das Lösungswort ist ein Symptom von TBC.

1. Wofür steht die Abkürzung TBC?
2. Welcher Übertragungsweg ist eher selten?
3. Eintrittspforte ist meist …
4. Wo kann der Erreger abgewehrt werden?
5. Was ist bei Ansteckung beteiligt?
6. Eine weitere Eintrittspforte …
7. Das Risiko zu erkranken steigt mit geschwächtem …
8. Die Diagnose erfolgt u. a. durch einen …
9. Die Übertragung erfolgt …
10. Wie heißt die TBC, wenn nicht die Lunge betroffen ist?

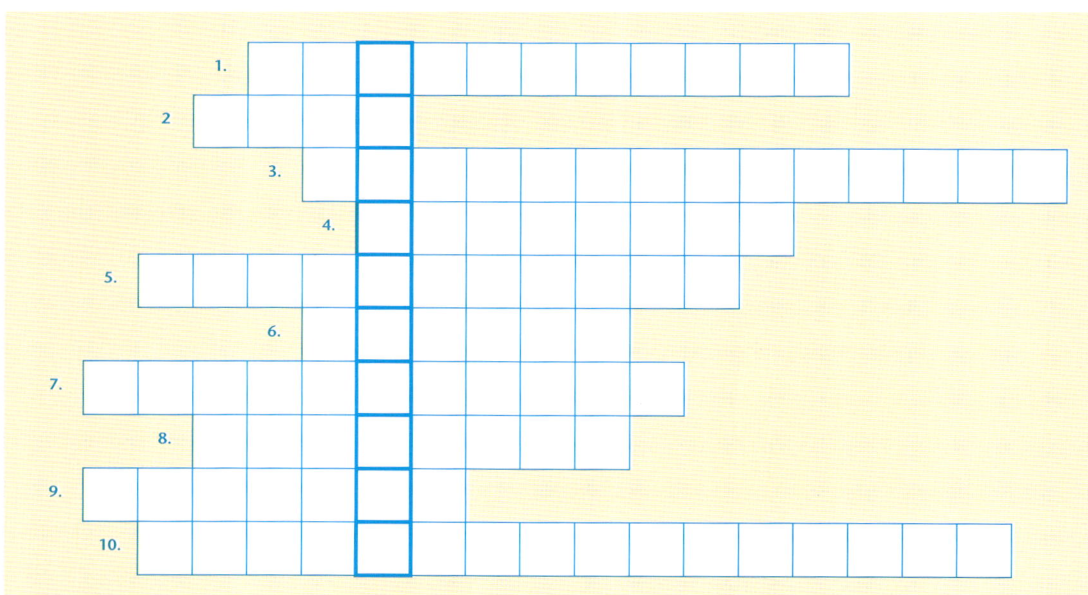

Lösungswort: ………………………………………………………………

7 Diagnostik von Infektionskrankheiten

Situation:

Heute Vormittag sitzen Frau Graf und ihr 8-jähriger Sohn Tobias im Wartezimmer. Tobias hat Fieber, Schnupfen, Husten und Halsschmerzen. Der Junge ist in der Praxis gut bekannt, denn er leidet öfter an Infektionskrankheiten. Lisa Kampus begleitet Mutter und Sohn in das Sprechzimmer von Frau Dr. med. Tanz.

1 Streichen Sie bitte die falschen Aussagen über den Umgang mit Kindern durch.

a) Kinder sind kleine Erwachsene und müssen auch wie Erwachsene behandelt werden.
b) Im Wartezimmer sollte eine Spielecke vorhanden sein, um die Kinder abzulenken.
c) Die Anwesenheit der Eltern oder ein Kuscheltier können dem Kind Sicherheit und Geborgenheit vermitteln.
d) Lange Wartezeiten sind für Kinder kein Problem.
e) Instrumente und Geräte sollten nicht im Blickfeld der Kinder liegen.
f) Ängstliche und kranke Kinder reagieren anders als im Alltag.
g) Kindern muss die Untersuchung nicht erklärt werden, weil sie dies ohnehin nicht verstehen.
h) Kinder müssen von ihren Ängsten abgelenkt werden.
i) Lobende Worte und kleine Aufmerksamkeiten am Ende der Behandlung nehmen den Kindern die Angst vor weiteren Besuchen.

8a) Das Lymphatische System

Situation:

Frau Breuer, eine langjährige Patientin, kommt in die Praxis von Herrn Dr. Mechelhoff. Ingrid Kemper empfängt sie. „Wie geht es Ihnen, Frau Breuer? Haben Sie die Operation gut überstanden?“ Die Patientin erwidert: „Obwohl man mir die ganze Brust und die Lymphknoten in der rechten Achselhöhle entfernt hat, geht es mir ganz gut. Leider ist nun mein rechter Arm ganz dick geworden. Nun möchte ich wissen, woher das kommt und ob man dagegen etwas tun kann.“

1 Warum sind bei Frau Breuer die Lymphknoten unter der Achselhöhle entfernt worden?

....

....

....

....

2 Wie würden Sie Frau Breuer erklären, warum ihr Arm dick geworden ist?

....

....

....

....

3 Welche Möglichkeiten der Behandlung gibt es für Frau Breuer?

....

....

....

4 Erklären Sie den Begriff „regionäre Lymphknoten“.

....

....

....

....

5 Wo befinden sich die regionären Lymphknoten für die Lymphe

a) aus der Lunge? a) ....

b) aus Rachen und Gaumenmandeln? b) ....

c) aus den Beinen und Geschlechtsorganen? c) ....

6 Wie entsteht die Lymphe? Beschreiben Sie die Abb. 3. „Entstehung von Lymphe“ im Lehrbuch „Behandlungsassistenz – Medizinische Fachangestellte“, S. 87.

....

....

....

....

....

....

8b) Das Lymphatische System

Situation:

In die Praxis von Frau Dr. med. Tanz kommt der Student Joachim Redicker. Er klagt über eine schmerzhafte, gerötete Schwellung an seinem Unterschenkel. „Ich glaube, ich bin vor einigen Tagen dort gestochen worden. Es hat anfangs ziemlich gejuckt, aber nun tut es sehr weh“, erklärt er. Frau Dr. med. Tanz schaut sich das Bein an und entdeckt einen roten Strich unter der Haut, der nach oben zieht. „Sie haben ja bereits eine Lymphangitis“, sagt sie. „Zum Glück besteht aber noch keine Lymphadenitis“, bemerkt Frau Dr. Tanz, nachdem sie die Lymphknoten in der Leistengegend abgetastet hat.

1 Ermitteln Sie mithilfe eines medizinischen Wörterbuches die Bedeutung der folgenden Begriffe:

Lymphangitis: ....

....

Lymphadenitis: ....

....

2 Wie verändern sich Lymphknoten, wenn sie entzündet sind?

....

....

....

8c) Das Lymphatische System

Situation:

Joachim Redicker fragt: „Nennt man das nicht auch Blutvergiftung, wenn ein roter Strich unter der Haut erscheint?“ Frau Dr. Tanz erklärt ihm: „Wenn ein roter Strich unter der Haut erscheint, besteht die Gefahr einer Blutvergiftung. Sie wird mit dem Fachausdruck auch Sepsis genannt und kann tödlich enden. Daher überweise ich Sie jetzt an meinem Kollegen, Dr. Bödecker. Er kann nämlich entscheiden, ob der Entzündungsherd inzidiert werden muss.“

1. Übersetzen Sie den Begriff „Inzision“: ....

....

....

....

....

2. Die Auszubildende Karin Schmidt möchte etwas mehr wissen. Erklären Sie ihr das Krankheitsbild der Sepsis.

....

....

....

....

3. Wie können die Erreger aus einer Entzündung im Bein auf dem Lymphweg ins Blut gelangen?

....

....

....

....

4. Wodurch können Patienten mit einer Sepsis sterben?

....

....

....

....

5. Durch welches Symptom unterscheidet sich der septische Schock von anderen Schockarten?

....

....

....

....

Lernfeld 4: Bei Diagnostik und Therapie der Erkrankung des Bewegungsapparates assistieren

1 Anatomie und Physiologie des Bewegungsapparates

Situation:

Die Patientin Vera Columna, die unter chronischen Rückenschmerzen leidet, kommt zum vereinbarten Termin in die Praxis. Sie ist 45 Jahre alt und arbeitet als Bürokauffrau. Jana begleitet sie in das Sprechzimmer, wo sie bereits alles für die Untersuchung vorbereitet hat. Frau Dr. Stolte begrüßt Frau Columna und bittet Jana, im Sprechzimmer zu bleiben.

1. Weil Frau Columna unter Rückenschmerzen leidet, untersucht Frau Dr. Stolte die Wirbelsäule besonders sorgfältig. Die Patientin will wissen, wie die Wirbelsäule aufgebaut ist. Jana darf die Erklärung übernehmen:

Die Wirbelsäule besteht aus .... Halswirbeln, ... wirbeln, ... wirbeln, dem .... und dem .... Sie ist von hinten betrachtet .... und weist seitlich betrachtet zwei .... Krümmungen auf. Die Lordose ist die Krümmung nach .... Die Kyphose ist die Krümmung nach ....

2. Helfen Sie Jana dabei, sich an den Aufbau der Wirbel zu erinnern, indem Sie die folgenden Abbildungen beschriften.

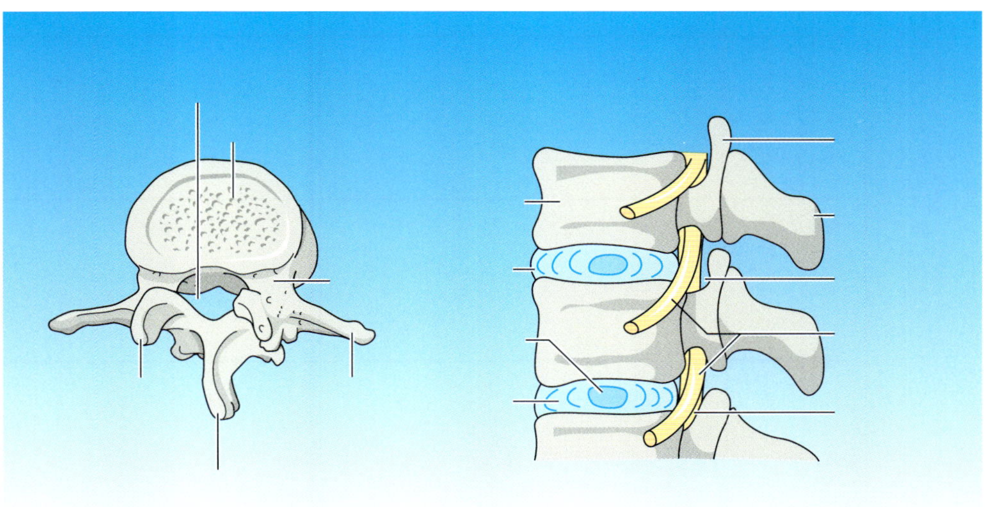

Nach der gründlichen Untersuchung stellt Frau Dr. Stolte folgende Diagnosen:

- Haltungsschaden durch chronische Fehlbelastung der Wirbelsäule,
- untrainierte, schwache Rückenmuskulatur,
- Verdacht auf Schädigung der Bandscheiben in der Lendenwirbelsäule.

3 Während Ärztin und Patientin die weitere Diagnostik und Therapie besprechen, verlässt Jana das Sprechzimmer. Im Aufenthaltsraum trifft sie ihre Kollegin Melanie Alse. Jana fragt: „Kannst du dir alle Muskeln merken? Ich finde das ziemlich schwierig." Die Kollegin entgegnet: „Ich helfe dir dabei." Jana zeigt Melanie eine Zeichnung, auf der Aufbau und Funktion eines Skelettmuskels zu sehen sind. Allerdings fehlt die Beschriftung. Wie beschriftet Jana die Abbildung richtig?

4 Melanie hat eine Idee für ein Spiel. Die beiden schreiben die Namen der wichtigsten Muskeln auf einzelne Kärtchen. Die Aufgaben der Muskeln werden auf anderen Kärtchen notiert. Dann verteilen sie die Kärtchen auf dem Tisch und Jana versucht, die zusammengehörigen Kärtchen wiederzufinden.

5 Melanie erinnert Jana daran, dass es im menschlichen Körper nicht nur Skelettmuskeln, sondern auch noch andere Muskelgewebe gibt. Am besten lassen sich die verschiedenen Muskelgewebe unterscheiden, wenn man sie mithilfe einer Tabelle darstellt. Helfen Sie Jana, die folgende Tabelle zu ergänzen.

Skelettmuskulatur		
	unwillkürlich	
quer gestreift		glatt
große, lange, aneinanderliegende Muskelfasern	kurze, verzweigte Muskelfasern	spindelförmige, verflochtene Muskelfasern

6 Wegen des Verdachts auf einen Bandscheibenvorfall im Bereich der Lendenwirbelsäule will Frau Dr. Stolte ihre Patientin zu einer Magnetresonanz-Tomographie (MRT, Kernspin-Tomographie) überweisen. Frau Columna lehnt dies zunächst ab. Sie sagt: „Bei mir sind schon so viele Röntgenaufnahmen gemacht worden, ich will meinen Körper nicht noch mehr mit Röntgenstrahlen belasten.“ Frau Dr. Stolte kann sie sofort beruhigen. Formulieren Sie Frau Dr. Stoltes Antwort.

7 Am nächsten Morgen ruft Monika Düvel, die sich auch um die Ausbildung von Jana und Karin kümmert, die beiden zu sich. „Ihr habt euch doch gestern so intensiv mit dem Bewegungsapparat beschäftigt. Gestern Abend bin ich bei einer Internetrecherche zufällig auf ein kleines Rätsel gestoßen, mit dessen Hilfe ihr die Fachausdrücke wiederholen könnt. Viel Spaß damit.“ In ihrer Mittagspause haben Jana und Karin das Rätsel rasch gelöst.

Tragen Sie die zutreffenden Begriffe in die Kästchen ein. Wie heißt das Lösungswort in der senkrechten Buchstabenreihe?

1. Muskelschwund
2. Eingeweidebruch
3. Muskeleiweißfaden
4. Schleimbeutel
5. Gegenspieler eines Muskels
6. Seitwärtsverkrümmung der Wirbelsäule
7. Zusammenziehen eines Muskels
8. entzündliche Erkrankung der Gelenke und umgebenden Weichteile
9. schmerzhafte Einengung der Ischiasnervenwurzeln
10. männliche Geschlechtshormone
11. Muskelschmerz
12. Muskellähmung
13. Muskelhülle
14. Grundspannung des Muskels
15. Sehne
16. Muskelentzündung
17. Sehnenscheidenentzündung

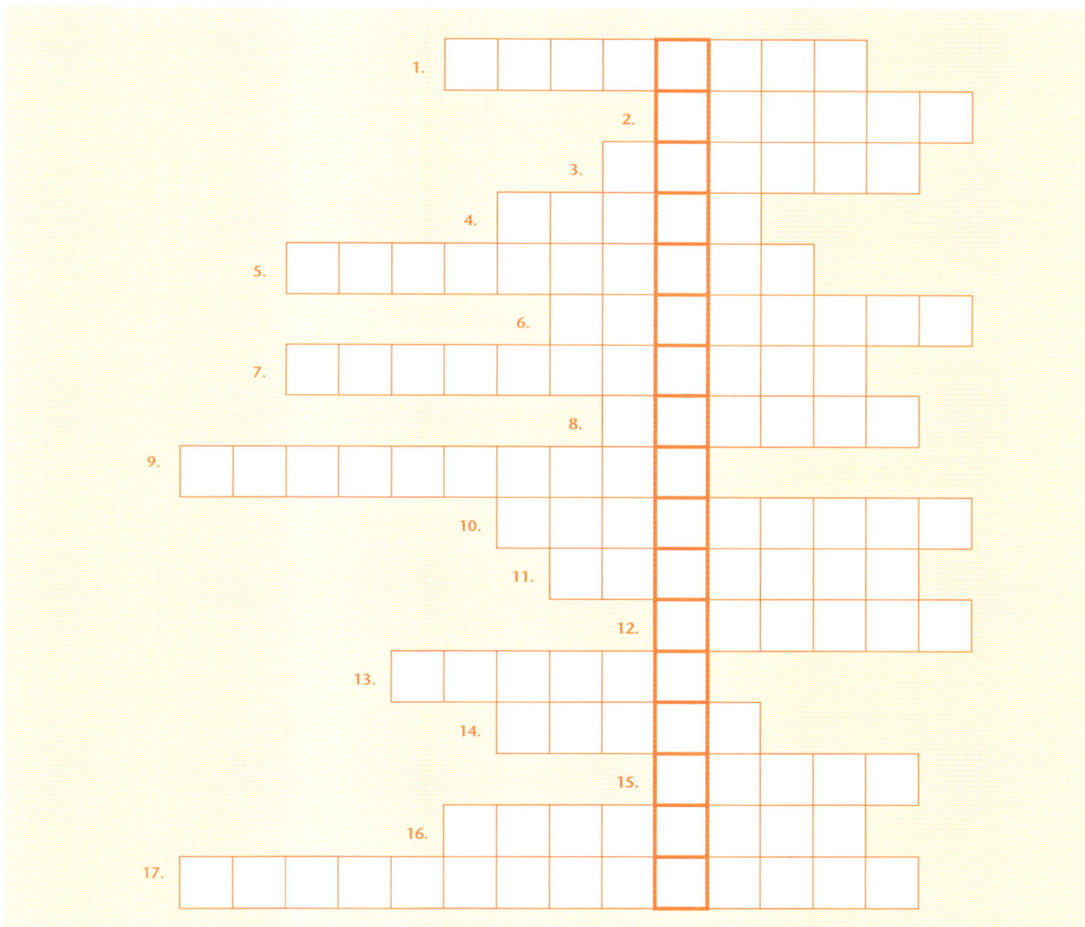

Lösungswort: ....

2 Physikalische Therapie

Situation:

Zur Schmerzlinderung und Kräftigung der Rückenmuskulatur verordnet Frau Dr. Stolte ihrer Patientin Massagen und Krankengymnastik.

1 An wen wendet sich Frau Columna für diese Therapiemaßnahmen?

Diese Behandlungen werden von einem .... durchgeführt.

2 Massagen und Krankengymnastik gehören zur Physikalischen Therapie. Während Melanie Alse das Rezept vorbereitet, frischen Sie Ihr Wissen über die Physikalische Therapie auf.
Ein großer Bereich der Physikalischen Therapie ist die Wärmetherapie. Ergänzen Sie bitte dazu den folgenden Lückentext.

Durch die Anwendung von Kurzwellen, Ultrakurzwellen und Mikrowellen kann nicht nur die Haut, sondern es können vielmehr auch .... erwärmt werden. Durch die Wärme entsteht im Gewebe eine .... Sie wirkt ...., ... und unterstützt die Heilung von ....

3 Kreuzen Sie bitte die beiden Therapieformen an, die nicht zur Wärmetherapie gehören.

a) Infrarotbestrahlung ☐
b) Bestrahlung mit UV-Licht ☐
c) Kurzwellentherapie mit Kondensatorfeldmethode ☐
d) Mikrowellentherapie ☐
e) Ultraschall-Hochfrequenztherapie ☐
f) Niederfrequenz-Reizstromtherapie ☐
g) Iontophorese ☐
h) Auflegen einer Wärmflasche ☐
i) Kurzwellentherapie mit Spulenfeldmethode ☐

4 Nennen Sie Symptome und Erkrankungen, bei der die unten genannten Verfahren der Physikalischen Therapie eingesetzt werden.

Therapie	Symptome/Erkrankung
a) Kältetherapie	a) ....
b) Lichttherapie	b) ....
c) UV-Bestrahlung	c) ....
d) Inhalationstherapie	d) ....
e) Hydrotherapie	e) ....

5 Welche Therapieform der Physikalischen Therapie darf bei Patienten mit Herzschrittmachern nicht eingesetzt werden? Kreuzen Sie an.

a) Elektrotherapie
b) Inhalationstherapie
c) Hydrotherapie
d) Massagen
e) Krankengymnastik

6 Bei welcher Form der Physikalischen Therapie müssen die Augen durch eine geeignete Brille geschützt werden? Kreuzen Sie an.

a) Iontophorese
b) Galvanisation
c) Inhalation
d) Bestrahlung mit UV-Licht
e) Kältetherapie

7 Melanie Alse bringt das ausgedruckte Rezept ins Sprechzimmer. Nennen Sie alle Personen im Praxiszentrum, die ein Rezept unterschreiben dürfen.

8 Nachdem Frau Dr. Stolte ihr das Rezept ausgehändigt hat, fragt Frau Columna, ob es noch andere Behandlungsmöglichkeiten für ihre Rückenschmerzen gäbe. Die Ärztin antwortet: „Falls die Therapie nicht ausreichend ist, können wir noch die Niederfrequenz-Reizstromtherapie und die Iontophorese einsetzen."
Erläutern Sie Frau Columna die Wirkungen diese beiden Therapieformen.

Niederfrequenz-Reizstromtherapie

Iontophorese

9 Bevor Frau Columna die Praxis verlässt, unterhält sie sich noch mit Melanie Alse an der Rezeption. „Ich bin froh, dass jetzt Sommer ist. Die Wärme tut meinem Rücken richtig gut."
Daraufhin gibt ihr Melanie noch Ratschläge für eine Wärmetherapie zu Hause.
Welche Möglichkeiten hat Frau Columna, zu Hause Wärmetherapie anzuwenden?

3 Erkrankungen des Bewegungsapparates – Osteoporose

Situation:

Die Patientin Frau Elisa Doblemann ist 78 Jahre alt. Sie leidet seit mehreren Jahren an Osteoporose. Vor drei Monaten hat sie sich bei einem Sturz die rechte Hüfte gebrochen und seitdem ein künstliches Hüftgelenk. Seit einigen Tagen klagt sie über immer schlimmer werdende Schmerzen in der Brustwirbelsäule. Die Medizinische Fachangestellte Melanie Alse hat Frau Doblemann gerade ins Sprechzimmer geführt und ruft jetzt für Frau Dr. Stolte die Patientendaten auf.

1. Frau Doblemanns Diagnose lautet: „Osteoporose“, „Z. n. Schenkelhalsfraktur“, „Endoprothese“. Als Medizinische Fachangestellte mit langjähriger Berufserfahrung versteht Melanie Alse diese Begriffe.

a) Erläutern Sie die folgenden Fachbegriffe.

Osteoporose ....

....

....

Fraktur ....

....

Endoprothese ....

....

b) Zeichnen Sie in die Abbildung eine Schenkelhalsfraktur ein.

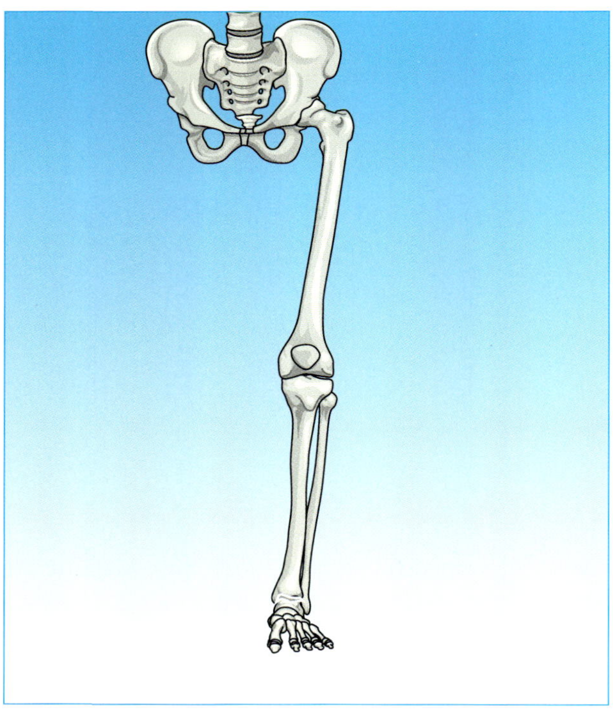

2. Während Frau Doblemann auf die Ärztin wartet, betrachtet sie interessiert eine Wandtafel, auf der ein Knochen zu sehen ist. Weil sie ihre Brille vergessen hat, kann sie jedoch die Beschriftung und Erklärung nicht lesen. Erläutern Sie Frau Doblemann den Aufbau des Knochens und die Aufgaben der Knochenbestandteile.

Beschriften Sie die Zeichnung mit den im Folgenden genannten Knochenbestandteilen und wählen Sie für jeden Knochenbestandteil die passende Aufgabe oder Definition aus.

Knochenbestandteile:
1. Diaphyse
2. Epiphysenfuge
3. Periost
4. harte Rindenschicht (Kortikalis)
5. Blutgefäß
6. Spongiosa
7. Markhöhle mit rotem Knochenmark
8. Epiphyse
9. Gelenkknorpel
10. Gelenkfläche

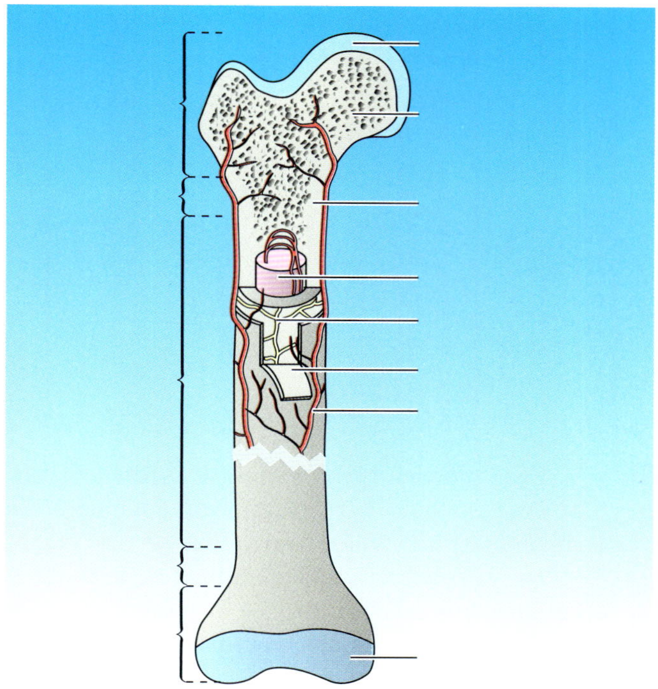

Äußere Knochenschicht aus Knochenlamellen ...., Bildung der Blutzellen ...., ist beim Erwachsenen teilweise mit gelbem Fettmark gefüllt ...., Längenwachstum ...., Knochenschaft ...., schwammartige Knochenschicht aus zarten Knochenbälkchen ...., Knochenhaut ....

3 Frau Doblemann wird von Frau Dr. Stolte untersucht. Dabei stellt die alte Dame ihrer Ärztin folgende Frage: „Warum erkranken überwiegend ältere Frauen an Osteoporose?"
Was würden Sie anstelle von Frau Dr. Stolte antworten?

4 Bei der Untersuchung stellt die Ärztin eine Verformung der Brustwirbelsäule fest und vermutet darin die Ursache für Frau Doblemanns Schmerzen.
Sie bespricht mit der Patientin das weitere Vorgehen: „Wir müssen kontrollieren, wie stabil Ihre Knochen noch sind. Ich überweise Sie deshalb zu unserem Radiologen Herrn Dr. Gärtner zur

5 Melanie Alse hat das von Frau Dr. Stolte angeforderte Rezept für Frau Doblemann ausgedruckt und bringt es zusammen mit einem Informationsblatt herein. Gemeinsam mit der Ärztin hat sie vor einiger Zeit Maßnahmen zur Osteoporoseprophylaxe zusammengefasst.
Erstellen Sie ein Patienten-Informationsblatt zum Thema „Wie kann ich Osteoporose vorbeugen?“.
Freiraum für Stichpunkte:

6 Zwei Wochen später kommt Frau Doblemann nochmals wegen ihrer Schmerzen in die Praxis. Frau Dr. Stolte hat den Verdacht auf eine Wirbelfraktur und veranlasst eine Computertomographie der Brustwirbelsäule.
Die Auszubildende Jana Schilling begleitet die Patientin und schaut zu, wie Frau Dr. Stolte die Untersuchung durchführt. Sie fragt die Ärztin, auf welche Weise bei der Computertomographie eine Quer- oder Längsschichtaufnahme des Körpers entsteht. Kreuzen Sie die richtige Antwort an.

a) durch Schallwellen ☐
b) durch Magnetfelder ☐
c) durch Röntgenstrahlen ☐
d) durch radioaktive Stoffe oder ☐
e) durch UV-Strahlen ☐

4 Erkrankungen des Bewegungsapparates – Rheumatische Erkrankungen

Situation:

Die Auszubildende Karin Schmidt begleitet Frau Bernadette Sauter vom Wartezimmer ins Sprechzimmer von Herrn Dr. Hardinghaus. Auf dem Weg dorthin bemerkt sie, dass die 36-jährige Patientin hinkt und fast nicht laufen kann. Als Karin sie mitfühlend nach dem Grund fragt, bekommt sie zur Antwort: „Ja, das Rheuma ist bei mir heute wieder besonders schlimm. Mir tut mein Knie so weh, dass ich nicht einmal den kurzen Weg in die Praxis zu Fuß gehen konnte und meine Nachbarin mich herfahren musste.“

1 Für Frau Sauters Untersuchung hat Karin das Sprechzimmer bereits vorbereitet. Sie weiß, dass Herr Dr. Hardinghaus seine Patienten immer sehr sorgfältig untersucht. Welche Instrumente und Gegenstände sind für die Allgemeinuntersuchung eines Patienten immer einsatzbereit?

2

Frau Sauter wird schon seit mehreren Jahren im Praxiszentrum wegen einer rheumatischen Erkrankung behandelt.
Bei der Untersuchung stellt Herr Dr. Hardinghaus Folgendes fest: Das rechte Knie ist gerötet und geschwollen. Es fühlt sich warm an, schmerzt und lässt sich nicht mehr vollständig bewegen.

Auf welche Erkrankungsform weisen diese fünf Symptome hin?

Wie lautet die Diagnose in der Fachsprache?

Wodurch werden Gelenkentzündungen verursacht?

3

Stefan Schröder, der bei der Untersuchung ebenfalls anwesend ist, wendet sich anschließend an Karin: „Es ist eine schwierige und verantwortungsvolle Aufgabe, die Symptome (Krankheitszeichen) zu erkennen und dann die richtigen Arzneimittel für ihre Behandlung zu finden."

a) Beurteilen Sie bitte die Aussagen über Krankheitszeichen. Finden Sie die drei falschen Aussagen heraus und verbessern Sie diese.
   1. Symptome sind sicht- und fassbare Krankheitszeichen oder vom Patienten angegebene Beschwerden.
   2. Symptome können in der Anamnese erfragt, bei der körperlichen Untersuchung festgestellt oder durch apparative und Laboruntersuchungen ermittelt werden.
   3. Objektive Symptome werden nur vom Patienten selbst empfunden.
   4. Erhöhte Blutdruckwerte oder Exantheme sind Beispiele für objektive Symptome.
   5. Subjektive Symptome können auch von anderen Patienten beobachtet werden.
   6. Müdigkeit, Übelkeit und Schwindel sind Beispiele für subjektive Symptome.
   7. Spezifische Symptome sind für eine bestimmte Krankheit typisch und weisen eindeutig auf die Diagnose hin.
   8. Unspezifische Symptome können durch mehrere Erkrankungen verursacht werden und sind nicht typisch für ein Krankheitsbild.
   9. Kopfschmerz ist ein Beispiel für ein spezifisches Symptom.
   10. Ein Syndrom ist eine Gruppe von gleichzeitig auftretenden Symptomen, die für ein Krankheitsbild charakteristisch sind.

b) Unsere Erbanlagen, unser Alter, unser Geschlecht oder Vorerkrankungen machen uns anfällig für bestimmte Erkrankungen. Wie heißt der Fachbegriff für die „Erkrankungsanfälligkeit"?

4 Dr. med. Hardinghaus sagt zu seiner Patientin: „Ich verschreibe Ihnen jetzt ein Analgetikum und ein Antiphlogistikum." Frau Sauter sieht etwas ratlos aus. Erläutern Sie ihr die Wirkungen dieser beiden Arzneimittelgruppen.

....

....

....

5 Frau Sauter will von ihrem Arzt wissen, wie ihre Krankheit voraussichtlich verlaufen wird. Dr. med. Hardinghaus antwortet: „Es gibt verschiedene Krankheitsverläufe. Die rheumatischen Erkrankungen haben meist einen chronischen Verlauf."

a) Erinnern Sie sich, wie Krankheiten verlaufen können? Finden Sie die Begriffe für die geschilderten Krankheitsverläufe heraus und übertragen Sie diese Begriffe in die folgende Abbildung.

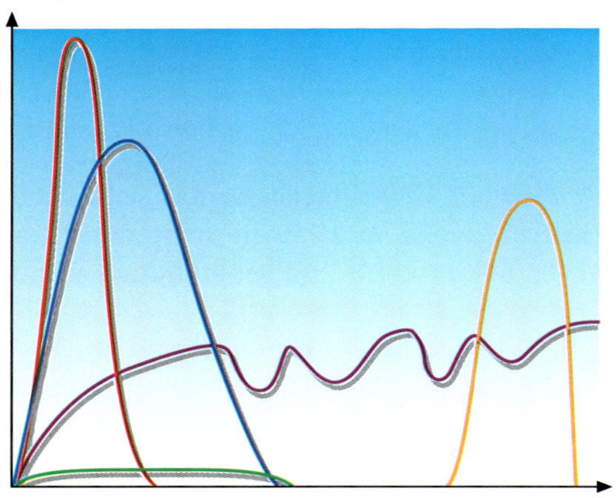

1) Die Erkrankung beginnt schleichend, Symptome entwickeln sich langsam, Krankheitsverlauf über Monate bis Jahre, oft bis zum Lebensende. = ...

2) Krankheitsverlauf ohne deutlich bemerkbare Symptome, nur leicht beeinträchtigtes Allgemeinbefinden. = ...

3) Nach schnellem Krankheitsbeginn bleiben die weniger heftigen Symptome längere Zeit bestehen. = ...

4) Krankheit beginnt plötzlich mit schwerwiegenden Symptomen, die nach verhältnismäßig kurzer Zeit wieder abheilen. = ...

5) Krankheit tritt nach vorangegangener scheinbarer Heilung erneut wieder auf.

= ....

b) Neben der Heilung gibt es noch weitere Möglichkeiten für das Ende einer Krankheit. Nennen Sie drei weitere Möglichkeiten.

....

6 Bevor Frau Sauter das Sprechzimmer verlässt, hat sie noch eine letzte Frage an Dr. Hardinghaus: „In einer Apothekenzeitschrift habe ich gelesen, dass ich eines Tages eine Arthrose bekommen könnte. Können Sie mir bitte noch erklären, was eine Arthrose ist, wodurch sie verursacht wird, mit welchen Beschwerden ich dann rechnen muss und welche Behandlungsmöglichkeiten es gibt?“
Formulieren Sie die Antwort für Herrn Dr. Hardinghaus.

Arthrose:

Ursachen:

Symptome:

Therapie:

7 In der Mittagspause trifft Karin ihre Kollegin Jutta Koch. Sie erzählt: „Die arme Frau Sauter hat schon wieder ein entzündetes Kniegelenk. Wie entsteht eigentlich eine Entzündung und was läuft dabei in unserem Köper ab?“ Jutta will in Ruhe weiteressen. Daher holt sie aus ihrem Berufsschulordner ein Blatt heraus. „Schau dir diese Abbildung genau an, dann weißt du, wie eine Entzündung abläuft.“
Karin versucht die Abbildung zu verstehen. Helfen Sie ihr dabei.

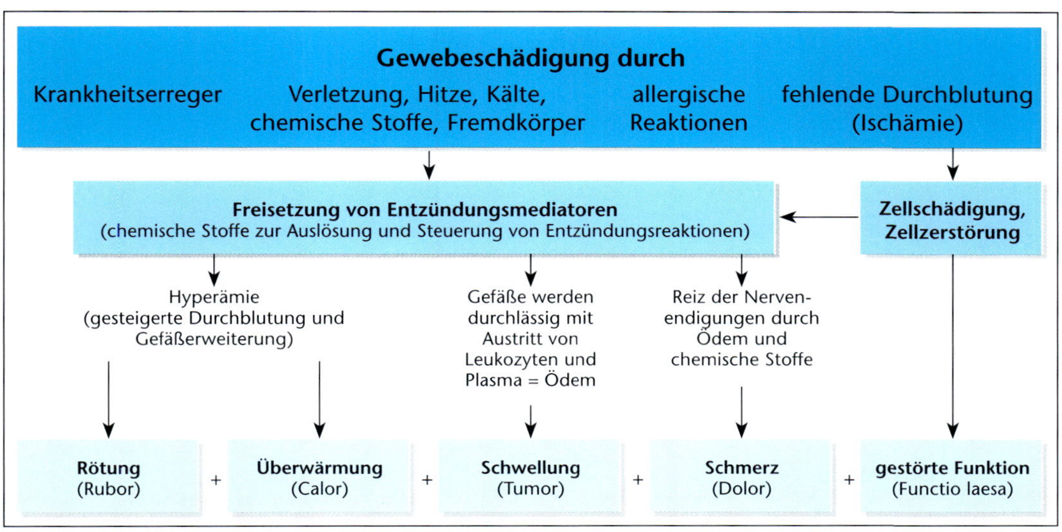

....

....

....

....

....

....

....

....

....

....

....

....

....

....

8 Später wendet sich Karin an ihren Kollegen Stefan Schröder: „Du hattest doch letztes Jahr nach einem Fußballspiel auch Probleme mit deinem Kniegelenk." „Ja, bei mir bestand der Verdacht auf eine Meniskusverletzung. Hol doch einmal das Anatomiebuch her, damit ich dir das genauer zeigen kann. Das Kniegelenk muss unser ganzes Körpergewicht tragen. Es hat deshalb einen besonderen Aufbau. Von der Gelenkform her ist es ein Scharniergelenk." Beschriften Sie die Abbildung des Kniegelenks und ergänzen Sie den unten stehenden Lückentext.

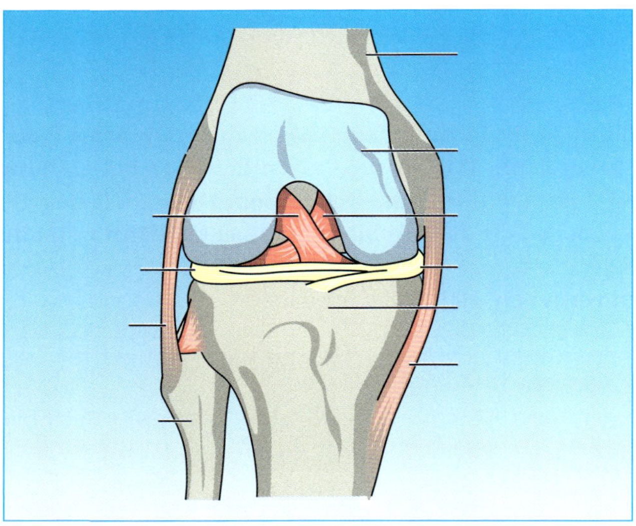

Das Kniegelenk wird vom Oberschenkelknochen = ..., dem .... = Tibia und der .... = Patella gebildet. Die beiden starken .... verstärken die Kniegelenkkapsel an der Innen- und Außenseite. Im Inneren wird das Kniegelenk durch zwei sich überkreuzende .... stabilisiert. Zwei halbmondförmige Faserknorpelscheiben (= ....) sorgen für eine ausgeglichene Druckübertragung.

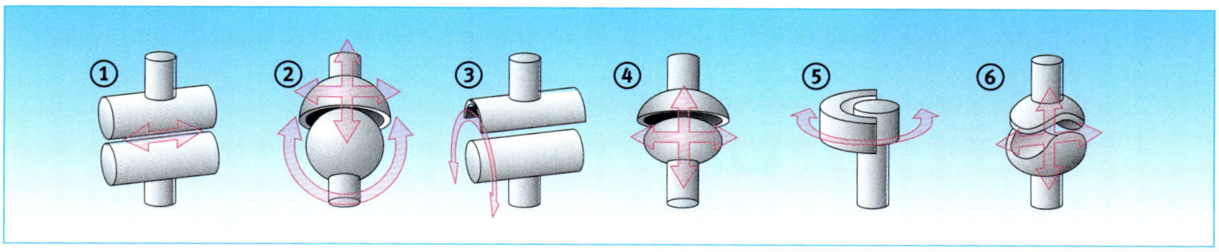

a) Welche der abgebildeten Gelenkformen ist ein Scharniergelenk? ....
b) Welche Bewegungen können in einem Scharniergelenk ausgeführt werden?

....

c) Welche Gelenkformen sind auf den anderen Abbildungen zu sehen? ....

....

....

d) Welche Gelenkform erlaubt die größte Beweglichkeit? ....

....

9 Karin fragt weiter: „Wurde bei dir damals auch eine Arthroskopie durchgeführt?“ Als Stefan die Frage bejaht, mischt sich auch Jutta in das Gespräch ein: „Stefan, erzähl uns doch, wie so eine Arthroskopie genau abläuft und was man dabei sehen und machen kann!“

Stefan beginnt: ....

....

....

....

....

....

....

....

....

5 Diagnostik des Bewegungsapparates

Situation:

Beim Abbiegen in die Straße „Im Anger“ stürzt der 18-jährige Marco Meier mit seinem Fahrrad und verletzt sich am Arm und am rechten Bein. Seine beiden Freunde eilen ihm zu Hilfe. Dabei entdecken sie, dass sich der Unfall direkt neben einem Praxiszentrum ereignet hat. „Hier gibt es auch eine Fachärztin für Orthopädie und Unfallchirurgie. Die kann Marco sicher helfen“, denken sich die Jugendlichen und tragen ihren verletzten Freund in die Praxis.
Die Medizinische Fachangestellte Monika Düvel sitzt gerade an der Rezeption. Sie erschrickt kurz beim Anblick des verletzten Jungen mit dem blassen und schmerzverzerrten Gesicht. Auf der Stirn hat sich bei Marco eine dicke blaurote Schwellung entwickelt. Monika Düvel informiert sofort Frau Dr. Stolte und ihre Kollegin Melanie. Gemeinsam bringen sie den Patienten in das Untersuchungszimmer.
Wegen starker Schmerzen kann Marco seinen linken Unterarm nicht mehr bewegen. Das rechte Sprunggelenk ist rötlichblau verfärbt, geschwollen und schmerzt ebenfalls.

1 Bevor Frau Dr. Stolte mit der Untersuchung beginnt, stellt sie Marco und seinen Freunden Fragen. Inzwischen ist auch Jana Schilling hereingekommen. Sie weiß, dass dieses erste Gespräch von Arzt und Patient „Anamnese“ heißt.

Ergänzen Sie den folgenden Lückentext, in dem eine Anamnese beschrieben wird.

Frau Dr. Stolte beginnt mit der Anamnese = ...
Beim Erstkontakt zwischen Arzt und Patient ist die Anamnese besonders ausführlich, denn es werden die ...., die .... und die .... Anamnese erfragt. Wenn der Patient selbst nicht antworten kann, muss eine .... erhoben werden. Eine gründliche und genaue Anamnese beansprucht viel Zeit, sie ist aber die Voraussetzung für die ....

Die Untersuchung des Patienten beginnt mit der **Inspektion** = ... Herz, Lunge, Darm und Blutgefäße werden durch die **Auskultation** = ... untersucht. Dafür benötigt der Arzt ein .... Größe, Lage, Spannung, Temperatur und Schmerzempfindlichkeit einzelner Organe werden durch die **Palpation** = ... festgestellt. Mit der **Perkussion** = ... können Schallveränderungen der Organe ermittelt werden.

2 Nach der Untersuchung äußert Frau Dr. Stolte den Verdacht, dass der Unterarm und das Sprunggelenk gebrochen sein könnten. Sie überweist Marco an ihren Kollegen Dr. Bachmann. Bei Marco sollen in der radiologischen Praxis Röntgenaufnahmen des linken Unterarms und des rechten Sprunggelenks jeweils in zwei Ebenen angefertigt werden. Um einen Schädelbruch auszuschließen, wird auch der Schädel geröntgt. Unter welchen Bedingungen darf Melanie Alse als Medizinische Fachangestellte der radiologischen Praxis die Röntgenanlage bedienen? Kreuzen Sie alle zutreffenden Aussagen an.

a) Die Medizinische Fachangestellte darf nur unter Aufsicht des Arztes röntgen. ☐
b) Der Arzt muss die Röntgenaufnahme anordnen. ☐
c) Die Medizinische Fachangestellte darf selbst entscheiden, ob eine Röntgenaufnahme erforderlich ist. ☐
d) Die Medizinische Fachangestellte muss eine Bescheinigung über Kenntnisse im Strahlenschutz (Strahlenschutzkurs) nachweisen können. ☐
e) Diese Bescheinigung darf nicht älter als fünf Jahre sein. ☐
f) Jede Medizinische Fachangestellte darf Röntgenaufnahmen anfertigen, wenn Arzt und Patient damit einverstanden sind. ☐
g) Auch Auszubildende dürfen Röntgenaufnahmen anfertigen, weil dies Bestandteil ihrer Ausbildung ist. ☐

3 Die Röntgenverordnung enthält viele Vorschriften, um Praxispersonal und Patienten bestmöglich vor den schädlichen Auswirkungen von Röntgenstrahlen zu schützen. Nennen Sie mindestens vier Beispiele.

....
....
....
....
....
....
....
....
....

4 Wissen Sie, welches Gerät die Strahlendosis bei Melanie Alse ermittelt?

....

5 Melanie Alse legt vor der Röntgenaufnahme eine Schutzdecke auf Marcos Unterleib.

a) Aus welchem Material besteht diese Schutzdecke? ....

b) Welchen Zweck erfüllt sie? ....

6 Marco, der sich sehr für Technik interessiert, fragt Melanie Alse, wie eine Röntgenaufnahme entsteht. Ergänzen Sie den Lückentext, der Melanies Erklärung enthält. Verwenden Sie folgende Begriffe:

• ***Ampère (A)*** • ***Elektronenstrom*** • ***harte*** • ***Kilovolt (kV)*** • ***Kontrastmittel*** • ***Röntgenfilm*** • ***Röntgenröhre*** • ***Röntgenstrahler*** • ***Röntgenstrahlung*** • ***Schutzgehäuse***

Die Röntgenstrahlung wird in einem .... erzeugt. Dieser besteht aus der .... und dem .... Wenn in der Röntgenröhre die Glühkathode erhitzt wird, tritt ein .... aus. Dieser trifft gebündelt auf die Drehanode und wird dort abgebremst. Dadurch entsteht die .... Die Einstellung der Strahlenhärte erfolgt über .... (..............................), die Intensität der Strahlenmenge über .... (..............................). Für die Aufnahme von Knochen werden .... Strahlen verwendet. Die Röntgenstrahlen durchdringen die Gewebe und werden dadurch abgeschwächt. Die austretenden Röntgenstrahlen belichten den .... Nach der Entwicklung ist das Röntgenbild fertig. Innere Hohlorgane, wie z. B. der Darm oder Blutgefäße, werden durch ein .... dargestellt.

7 Herr Dr. med. Gärtner beurteilt die Röntgenbilder und stellt seine Diagnose. Es fallen folgende Fachbegriffe, die Jana Marco erklärt:

– Fraktur des Radius = ...
– Distorsion = ... des Sprunggelenks
– Contusio = ... des Schädels

8 Marco wird von Melanie Alse in den Gipsraum gebracht. Dort hängen an der Wand Schautafeln. Eine zeigt den Aufbau eines Gelenks, die andere das Skelett. Helfen Sie Jana, sich an die Fachbegriffe für Knochen und den Aufbau des Gelenks zu erinnern, indem Sie die Abbildungen beschriften.

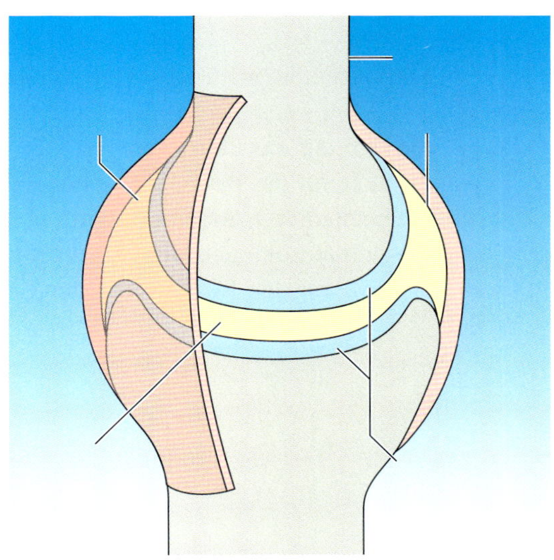

9 Als Marco die Schautafel mit den Schädelknochen sieht, erinnert er sich wieder an die Schwellung auf seiner Stirn.
Beschriften Sie die Knochen des Schädelskeletts mit der deutschen Bezeichnung und dem jeweiligen Fachbegriff.

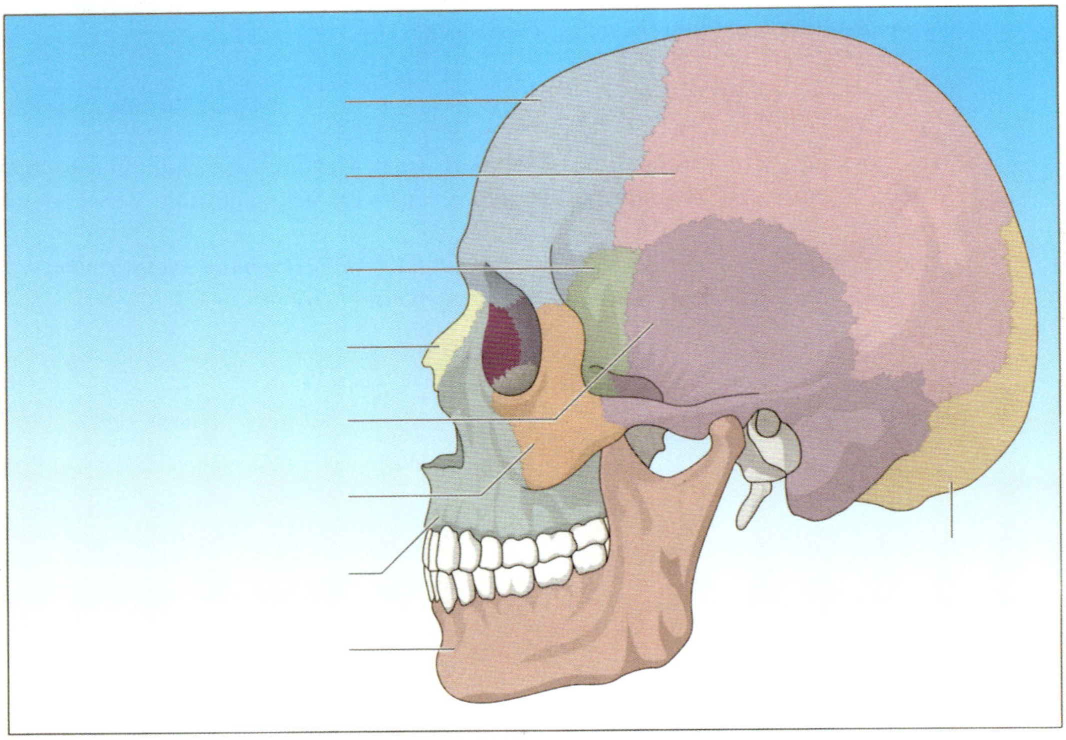

10 Welcher Schädelknochen hätte bei Marco aufgrund der äußerlich sichtbaren Verletzung gebrochen sein können?

....

....

....

11 Beschriften Sie die Zeichnung auf S. 77 mit den folgenden Fachbegriffen und ihrer deutschen Übersetzung.

• ***Carpus*** • ***Clavicula*** • ***Columna vertebralis*** • ***Costae*** • ***Femur*** • ***Fibula*** • ***Hallux*** • ***Humerus*** • ***Os ilii*** • ***Os ischii*** • ***Os pubis*** • ***Os sacrum*** • ***Patella*** • ***Radius*** • ***Scapula*** • ***Sternum*** • ***Tarsus*** • ***Tibia*** • ***Ulna***

Markieren Sie mit Farbstiften alle Fachwörter,

- die sich auf das Bein beziehen = rot
- die sich auf das Becken beziehen = blau
- die sich auf den Arm beziehen = grün
- die sich auf den Schultergürtel beziehen = braun
- die sich auf den Rumpf beziehen = gelb

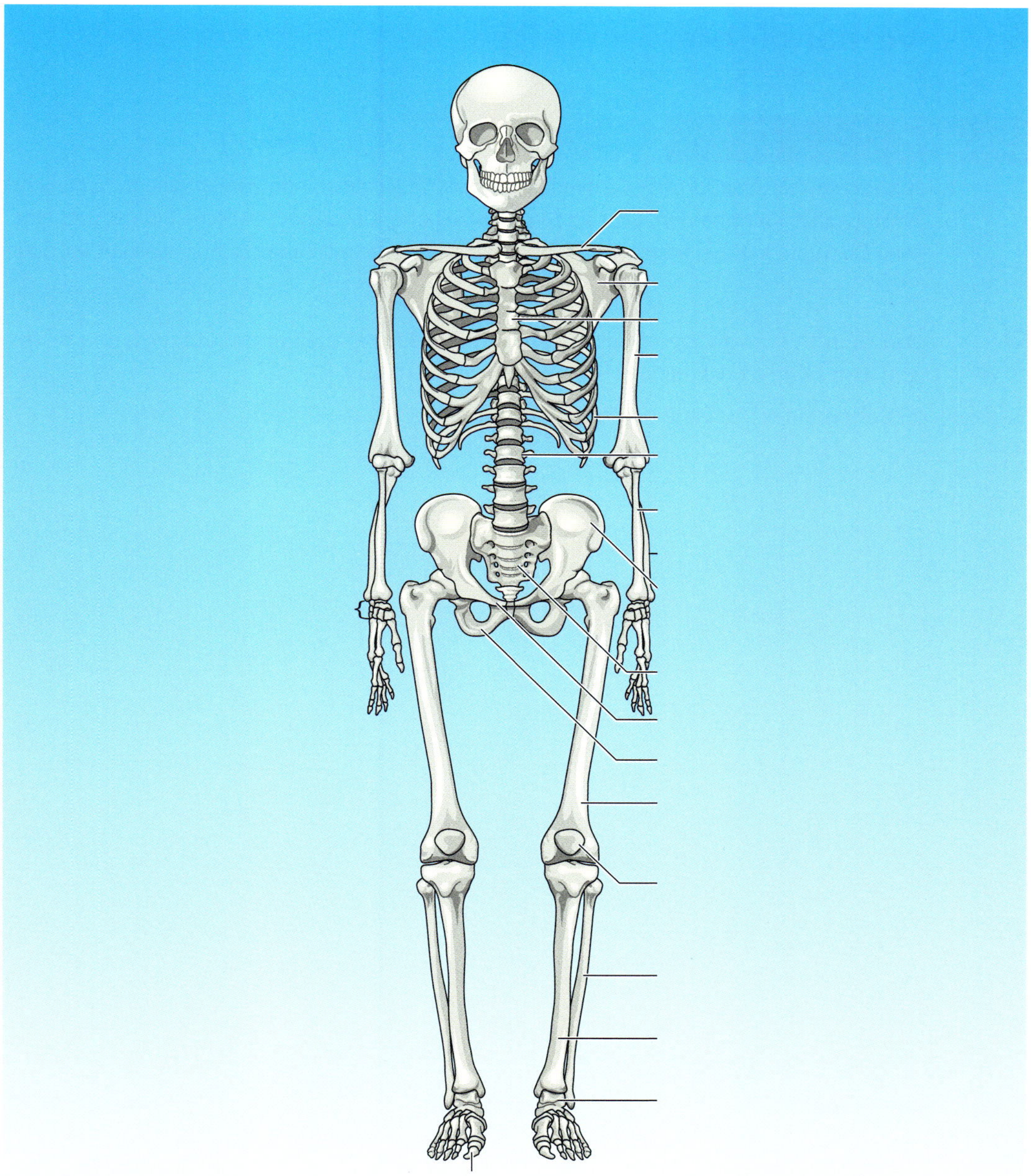

12 Marco fragt besorgt, ob bei Knochenbrüchen auch Komplikationen auftreten können. Die Auszubildende Jana bejaht diese Frage und gibt dazu Erklärungen. Eine Aussage muss Frau Dr. Stolte korrigieren. Markieren und verbessern Sie die falsche Aussage.

a) Verschobene Knochenteile müssen wieder in ihre ursprüngliche Stellung gebracht und dort fixiert werden.
b) Bei offenen Frakturen sind Haut und Muskulatur mitverletzt.
c) Bei einer offenen Fraktur besteht eine hohe Infektionsgefahr.
d) Bei der Mitverletzung des Gelenkknorpels kann eine Arthrose entstehen.
e) Kinder leiden oft unter Osteoporose und haben deshalb brüchige Knochen, die auch schlecht heilen.
f) Bei Frakturen können auch Nerven und Blutgefäße mitverletzt sein.

6 Verbandlehre

Situation:

Inzwischen hat Jana für den Gipsverband folgende Gegenstände zurechtgelegt: Schlauchverband, Polsterwatte, Kreppbinden, Gipsbinden, Handschuhe, Gipssäge, elastische Binden und eine Schere. Frau Dr. Stolte legt bei Marco den Gipsverband am Unterarm an und Jana assistiert ihr dabei.

1 Auf dem Verbandwagen liegt auch eine Checkliste, auf der die einzelnen Schritte für das Anlegen eines Gipsverbandes in Stichworten erklärt sind.

Erstellen Sie selbst eine solche Checkliste.

1. ....
2. ....
3. ....
4. ....
5. ....
6. ....
7. ....
8. ....
9. ....
10. ....
11. ....

2 Melanie Alse stabilisiert Marcos verstauchtes Sprunggelenk mit einem Stützverband, den sie mit einem Salbenverband kombiniert.

Was benötigt Melanie für diesen Verband?

....

....

Was muss Melanie beim Anlegen des Verbandes beachten?

....

....

....

....

....

....

....

....

....

3 Zur Gruppe der Stützverbände gehören auch der Tapeverband, der Rucksackverband, der Schienenverband und der Kompressionsverband. Erklären Sie, bei welchen Fällen diese Verbände angelegt werden.

Tapeverband ....

Rucksackverband ....

Schienenverband ....

Kompressionsverband ....

7 Arzneimittellehre – Arzneimittelgesetz/ Arzneimittelgruppen

Situation:

Während der Sommerferien kommen nur wenige Patienten in die Praxis von Frau Dr. Tanz. Die Medizinischen Fachangestellten nutzen diese Tage, um die Praxis gründlich aufzuräumen. Ingrid und Karin wollen heute den Arzneimittelschrank putzen und neu einräumen.
Während die beiden alle Arzneimittel aus dem Schrank nehmen, fragt Karin: „Warum dürfen unsere Ärzte in der Praxis nicht selbst Arzneimittel herstellen und verkaufen?“ Ingrid antwortet: „Die Anforderungen und die Herstellung eines Arzneimittels sind in einem Gesetz geregelt, und außerdem muss ein neu entwickelter Wirkstoff erst geprüft und zugelassen werden.“

1 Von welchem Gesetz spricht Ingrid?

....

2 Welche Bundesbehörde darf Arzneimittel zulassen?

....

3 „Wir müssen uns jetzt entscheiden, nach welchem Ordnungsprinzip wir die Arzneimittel einordnen“, sagt Ingrid. „Wir könnten sie nach ihrer Wirkungsweise in Arzneimittelgruppen sortieren, so wie in den Arzneimittelverzeichnissen“, schlägt Karin vor.

Erinnern Sie sich an die Fachbegriffe für die Arzneimittelgruppen? Wenn Sie das folgende Rätsel richtig lösen, erhalten Sie die deutsche Übersetzung für den Fachbegriff „Pharmakologie".

1. Arzneimittel zur Förderung und Erleichterung der Darmentleerung, Abführmittel
2. Arzneimittel zur Behandlung von Herzrhythmusstörungen
3. Arzneimittel zur Neutralisierung der Magensäure
4. Schlafmittel
5. Arzneimittel zur Verhinderung von zerebralen Krampfanfällen
6. Hustenhemmende Arzneimittel
7. Arzneimittel zur Beeinflussung der Psyche
8. Arzneimittel, die die Teilung von Tumorzellen verhindern und verzögern
9. Arzneimittel zur Senkung des pathologisch erhöhten Blutdrucks
10. Arzneimittel, die Bakterien töten oder ihre Teilung hemmen
11. Arzneimittel zur Verhinderung von Erbrechen, Übelkeit und Reisekrankheit
12. Entzündungshemmende Arzneimittel
13. Arzneimittel, die den Tonus der glatten Muskulatur senken und dadurch krampflösend wirken
14. Arzneimittel mit beruhigender und schlaffördernder Wirkung
15. Arzneimittel, die die Wirkung von Histamin abschwächen
16. Arzneimittel zur Förderung der Wasserausscheidung in der Niere, entwässernde Arzneimittel
17. Arzneimittel zur Bekämpfung von Schmerzen

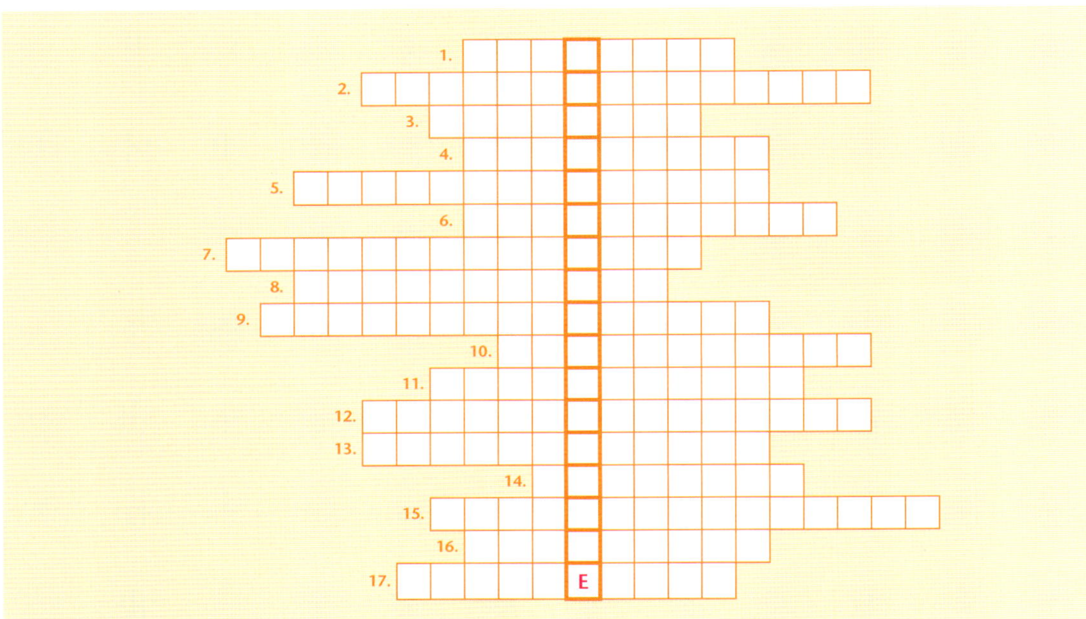

Lösungswort: ....

4 Ingrid erwidert: „Ich habe eine andere Idee, wir teilen unsere Arzneimittel nach ihrer Darreichungsform ein." Ordnen Sie bitte die verschiedenen Arzneimittelformen der passenden Beschreibung zu. Schreiben Sie die Arzneimittelform neben die zutreffende Definition:

• ***Kapsel*** • ***Streupuder*** • ***Pulver*** • ***Gel*** • ***Dragee*** • ***Tablette*** • ***Granulat*** • ***Globuli (Streukügelchen)*** • ***Retardtablette*** • ***Paste*** • ***Aerosol*** • ***Creme*** • ***Filmtablette*** • ***Suppositorium (Zäpfchen)*** • ***Emulsion*** • ***Fettsalbe*** • ***Ovulum*** • ***Medikamentenpflaster*** • ***Lösung*** • ***Tinktur*** • ***Suspension*** • ***Lotion***

a) gasförmiges Arzneimittel = ...

b) feste, flüssige oder gasförmige Arzneimittel sind in geeignetem Lösungsmittel aufgelöst =

....

c) unter hohem Druck zusammengepresste Pulver oder Granulate = ...

d) Wirkstoffe in fettfreien, mit Wasser getränkten Quellstoffen, kühlt die Haut durch Wasserverdunstung und hinterlässt nach dem Antrocknen einen Film = ...

e) sehr fein zerkleinerte Arzneistoffe, die auf Haut oder Schleimhaut aufgetragen werden = ...

f) pulverförmige, granulierte oder flüssige Wirkstoffe in einer Hülle aus Gelatine = ...

g) Salbe mit einem hohen Gehalt an Feststoffen in Puderform, haftet gut auf der Haut = ...

h) Tablette, die von einer dicken, bunt gefärbten, glänzenden Zuckerschicht umhüllt ist = ...

i) Zuckerkügelchen, die mit dem Wirkstoff getränkt sind = ...

j) Der Arzneimittelwirkstoff ist in eine Grundmasse eingegossen, die bei Körpertemperatur schmilzt = ...

k) in Alkohol gelöste Arzneimittelwirkstoffe aus Pflanzenbestandteilen = ...

l) Tablette, die mit einer dünnen bunten Lackschicht überzogen ist = ...

m) Verbindung von zwei nicht mischbaren Flüssigkeiten, wie z. B. Wasser und Öl = ...

o) Pulverförmige Arzneimittel sind zu kleinen, einheitlichen Körnchen gepresst = ...

p) Arzneimittelwirkstoffe in fetthaltiger, streichfähiger Grundmasse = ...

q) Durch eine Kontrollmembran wandert der Arzneimittelwirkstoff über einen Zeitraum von Stunden bis mehreren Tagen gleichmäßig und in geringer Menge in die Blutgefäße der Haut = ...

r) streichfähige Öl-in-Wasser-Emulsion = ...

s) Zäpfchen zum Einführen in die Scheide = ...

t) kleine Teile aus schwer löslichen Arzneiwirkstoffen sind in einer Flüssigkeit verteilt = ...

u) Tablette, die nur langsam zerfällt und ihre Wirkstoffe über Stunden hinweg freigibt = ...

8 Arzneimittellehre – Kennzeichnung/ Risiken und Nebenwirkungen

1 Ingrid erklärt Karin: „Jedes Arzneimittel muss auf seiner Verpackung mit gesetzlich vorgeschriebenen Informationen gekennzeichnet sein und eine Gebrauchsinformation enthalten." Nehmen Sie eine Arzneimittelpackung zur Hand und notieren Sie alle Informationen, die zur Kennzeichnung des Arzneimittels auf der Verpackung stehen müssen.

....

....

....

....

....

2 Worüber informieren die folgenden Begriffe? Formulieren Sie bitte eine kurze Erklärung zu jedem Begriff.

Charge: ....

....

....

Anwendungsgebiete (Indikationen):

....

....

....

Gegenanzeigen (Kontraindikationen):

....

....

....

Nebenwirkungen:

....

....

....

Wechselwirkungen:

....

....

....

....

Dosierungsanleitung:

....

....

....

3 Karin und Ingrid unterhalten sich. Karin fragt: „Bei der Arzneimittelwerbung im Fernsehen sagen sie immer: ‚Zu Risiken und Nebenwirkungen fragen Sie Ihren Arzt oder Apotheker'. Warum gibt es eigentlich überhaupt Nebenwirkungen?" Wie kann Ingrid Karin die Entstehung von Nebenwirkungen erklären?

....

....

....

....

....

....

....

....

....

....

....

Nennen Sie Beispiele für häufig auftretende Nebenwirkungen:

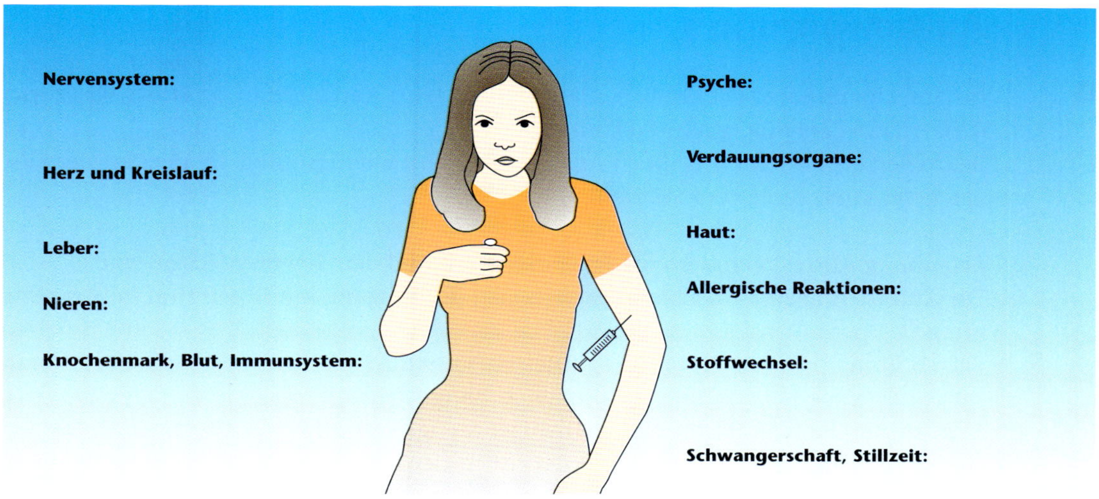

4 Frau Dr. Tanz mischt sich in das Gespräch von Ingrid und Karin ein: „Viele Arzneimittel zeigen bei den Patienten nicht die erwünschte Wirkung, weil sie nicht richtig eingenommen werden." Überlegen Sie, welche Fehler Patienten bei der Einnahme von Arzneimitteln machen können.

5 Bei jedem Arzneimittel achten Ingrid und Karin auf den Hinweis: „verwendbar bis ... ". Arzneimittel, deren Verfalldatum abgelaufen ist, legen sie zur Seite. Was sollte Ihrer Meinung nach mit diesen Medikamenten geschehen?

6 Karin meint: „Wir könnten die Arzneimittel doch auch selbst an die Patienten austeilen." Wie lautet die richtige Antwort auf Karins Äußerung? Wer darf Arzneimittel verordnen und an die Patienten abgeben? Kreuzen Sie die zutreffenden Antworten an.

a) bei Abwesenheit des Arztes jede Medizinische Fachangestellte
b) der Arzt persönlich
c) jede Mitarbeiterin in der Praxis
d) nur Medizinische Fachangestellte mit einer Zusatzausbildung

7 Für die Abgabe von Arzneimitteln gelten entsprechend ihren Wirkungen und Nebenwirkungen vier verschiedene Abgabekategorien. Zählen Sie diese bitte auf.

9 Arzneimittellehre – Betäubungsmittel/ Aufbewahrung

1 Im Sprechzimmer von Herrn Dr. Hardinghaus trifft Karin Stefan Schröder, der zusammen mit dem Arzt die Betäubungsmittel kontrolliert.
Beurteilen Sie bitte die folgenden Aussagen über Betäubungsmittel. Finden Sie vier falsche Aussagen heraus und verbessern Sie diese.

a) Betäubungsmittel verändern die Stimmungslage und den Bewusstseinszustand.
b) Die Anforderungen an Betäubungsmittel und der Umgang mit ihnen sind im Arzneimittelgesetz geregelt.
c) Bei der Einnahme von Betäubungsmitteln besteht die Gefahr von Persönlichkeitsveränderungen sowie der körperlichen und psychischen Abhängigkeit.
d) Ärzte dürfen Betäubungsmittel in beliebiger Menge verordnen.
e) Die Verordnung von Betäubungsmitteln ist in der Betäubungsmittel-Verschreibungsverordnung festgelegt.
f) Die Verordnung eines Betäubungsmittels ist nur auf einem Privatrezept erlaubt.
g) Betäubungsmittel müssen in der Praxis in einem stets sicher verschlossenen Schrank („Giftschrank") oder in einem Safe aufbewahrt werden.
i) Der Schlüssel zum Betäubungsmittelschrank muss für alle Praxismitarbeiter/-innen erreichbar sein.
j) Über den Einkauf, die Entnahme und den Verbleib von Betäubungsmitteln muss der verantwortliche Arzt ein Betäubungsmittelbuch führen.

2 Zuletzt geht Jutta Koch ins Labor und überprüft dort den Kühlschrank. Welche Medikamente müssen im Kühlschrank gelagert werden? Nennen Sie bitte Beispiele.

Lernfeld 5: Zwischenfällen vorbeugen und in Notfallsituationen Hilfe leisten

1 Das Herz-Kreislauf-System – Der Blutkreislauf

Situation:

Frau König kommt etwas atemlos in die Praxis von Frau Dr. Tanz und bittet um eine Blutdruckmessung. Auf die Frage, ob Sie irgendwelche Beschwerden habe, antwortet sie: „Nein, aber ich habe gehört, in meinem Alter sollte man regelmäßig seinen Blutdruck kontrollieren lassen. Deshalb komme ich mal schnell vorbei." Frau König ist 52 Jahre alt und übergewichtig.

1. Sie erhalten den Auftrag, bei Frau König den Blutdruck zu messen. Sie bitten die Patientin als Erstes, sich hinzusetzen und etwas auszuruhen. Begründen Sie diese Maßnahme.

   ....

   ....

2. Wie hoch darf der Blutdruck laut WHO höchstens sein (korrekte Schreibweise)?

   ....

3. Warum müssen immer zwei Werte angegeben werden?

   ....

   ....

4. Erklären Sie folgende Begriffe:

   a) Systole = ...

   b) Diastole = ...

5. In welcher Blutgefäßart wird der Blutdruck gemessen? Kreuzen Sie die richtige Antwort an.

   Arterie ☐ Vene ☐ Kapillare ☐

6. Welche der folgenden Eigenschaften passen zu welcher Blutgefäßart? Ordnen Sie zu.

dienen dem Austausch von Stoffen	☐	**A**	Arterie
haben eine dickere Muskelschicht	☐	**V**	Vene
liegen oberflächlicher	☐	**K**	Kapillare
niedriger Blutdruck	☐		

7 Beschriften Sie die folgende Abbildung und kennzeichnen Sie durch Pfeile, welchen Weg das Blut durch das Herz nimmt.

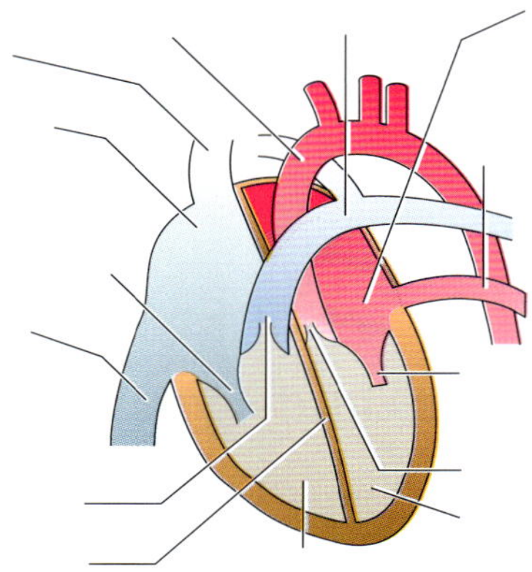

2 Blutdruck und Puls

Situation:

Frau Dr. Tanz ist der Meinung, dass Frau Königs Blutdruck zu hoch ist. Daher empfiehlt sie der Patientin, noch zwei Kontrolluntersuchungen an verschiedenen Tagen vornehmen zu lassen. Erst wenn dann der Blutdruck immer noch zu hoch sei, müssten weitere Untersuchungen stattfinden. Man müsse entscheiden, ob es sich um einen primären (essenziellen) oder sekundären Bluthochdruck handle. Dies sei wichtig, um die richtige Behandlung durchführen zu können.

1 Wie heißt der Fachausdruck für Bluthochdruck?

....

2 Wann würden Sie beim Pulsfühlen einen erhöhten Blutdruck vermuten?

....

....

3 Erklären Sie den Begriff „essenzieller Bluthochdruck“.

....

....

4 Erklären Sie Frau König, was sie tun könnte, um ihren Blutdruck zu senken.

....

....

....

5 Frau König fragt: „Kann ich nicht einfach das gleiche Medikament gegen Bluthochdruck nehmen wie mein Mann?“ Wie würden Sie auf diese Frage antworten? Begründen Sie Ihre Aussage.

....

....

....

6 Wie heißt der Fachausdruck für Medikamente, die den Blutdruck senken?

7 Abschließend möchte Frau König noch wissen, warum ein hoher Blutdruck denn gefährlich sei. Erklären Sie Frau König die Krankheiten, die als Folge eines zu hohen Blutdrucks entstehen können.

Welche dieser Krankheiten kann zu Atemnot führen?

3a) Das Blut – Blutarmut

Situation:

Frau Weiß, eine 65-jährige, blass wirkende Patientin, sucht das Praxiszentrum auf. Sie berichtet Frau Dr. Tanz, sie sei in letzter Zeit so abgeschlagen und leicht ermüdbar, sie schlafe schlechter als früher und ihr sei immer wieder schwindlig. Das setze ihr sehr zu, da sie eigentlich eher unternehmungslustig und aktiv sei. Frau Dr. Tanz misst Blutdruck und Puls, hört Herz und Lungen ab, inspiziert die Schleimhäute der Augen und der Mundhöhle der Patientin und fragt sie nach Veränderungen ihrer Ernährungsgewohnheiten. Frau Weiß berichtet daraufhin, dass sie seit knapp einem Jahr aus verschiedenen Gründen konsequent kein Fleisch und keine Wurstwaren mehr zu sich nehme. Frau Dr. Tanz bespricht ihre Überlegungen mit der Patientin, empfiehlt ihr zur weiteren Abklärung zunächst eine Blutuntersuchung und lässt Frau Weiß einen neuen Termin geben. Die Blutdruckwerte liegen mit 125/85 mm Hg in einem für die Patientin üblichen Bereich. Die Abhörbefunde von Herz und Lungen sind unauffällig, der Ruhepuls mit 92/min deutlich erhöht.

1
a) Welchen Befund wird Frau Dr. Tanz an den Schleimhäuten erhoben haben?
b) Welche Diagnose vermutet sie, wenn sie vom Labor ein kleines Blutbild mit dem Zusatz anfordert, bei erniedrigtem Blutfarbstoff das Serumeisen gleich mitzubestimmen?
c) Wie heißt der Fachausdruck für den Blutfarbstoff?
d) Wie heißt der Fachausdruck für diese Art von Blutarmut?

a)

b)

c)

d)

3b) Das Blut – Blutkörperchen

Situation:

Erwartungsgemäß sind die Werte für den Blutfarbstoff und das Serumeisen im Laborbefund der Patientin erniedrigt. Frau Dr. Tanz verordnet ihr daher beim nächsten Termin ein Eisenpräparat und gibt ihr wichtige Informationen dazu mit auf den Weg. Hierauf beziehen sich die nachfolgenden Fragen.

1 Wie kann sich auf die Einnahme des Eisenpräparates hin die Stuhlfarbe verändern und welche Folgen kann ein solches Präparat für einen Hämoccultest haben?

2 a) Wie heißt der Fachausdruck für die roten Blutkörperchen?
b) Wo werden sie, wenn sie funktionsuntüchtig sind, „aus dem Verkehr gezogen"?

a)

b)

3 Stellen Sie sich vor, Sie seien ein rotes Blutkörperchen und hätten sich um den Gasaustausch zu kümmern. Beschreiben Sie Ihre Tätigkeit.

4 a) Wo werden neben den roten Blutkörperchen auch die anderen Blutzellen gebildet?
b) Welchen Gesamtanteil am Blutvolumen haben alle Blutzellen zusammen?

a)

b)

5 Welche Hauptgruppen der weißen Blutkörperchen kennen Sie?

6 Wie heißt die Blutuntersuchung, mit der der mengenmäßige Anteil der verschiedenen Gruppen der weißen Blutkörperchen erfasst wird?

7 Nehmen Sie an, bei der Patientin wäre bei dieser Blutuntersuchung ein stark erhöhter Wert für die Lymphozyten festgestellt worden und die weitere Abklärung hätte eine Leukämie ergeben. Welche Leukämieform wäre bei dem Alter der Patientin am wahrscheinlichsten?

8 Im Verlauf einer bösartigen Erkrankung kann es bei Patienten zu einer starken Veränderung der Plasmaeiweiße kommen.

a) Welche Plasmaeiweiße kennen Sie?
b) Mit welchem Verfahren können diese zu diagnostischen Zwecken voneinander getrennt und mengenmäßig bestimmt werden?

a)

b)

9 Welche Aufgaben der mengenmäßig dabei am stärksten vertretenen Eiweiße kennen Sie?

4 Das Blut – Blutgerinnung

Situation:

Zur Vorbereitung einer Hüftoperation kommt Frau Schwarz, eine 70-jährige Patientin, ins Praxiszentrum. Frau Dr. Tanz bespricht mit ihr die erforderlichen Blutuntersuchungen, eine unter Umständen notwendig werdende Blutübertragung und mögliche Gerinnungsstörungen nach der Operation. Frau Schwarz erfährt, dass sie zum Schutz vor Thrombosen Heparin-Injektionen unter die Haut erhalten wird.

1 Ergänzen Sie das folgende Schema zur Blutgerinnung und markieren Sie die Stelle, an der das Heparin in den Gerinnungsablauf eingreift.

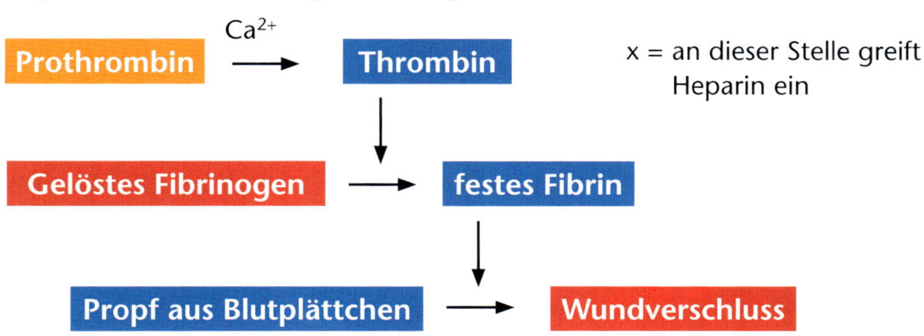

2 Die Patientin hat eine Blutgruppe mit zwei Antikörpern (AK) im Plasma. Um welche Blutgruppe und welche AK handelt es sich?

Frau Schwarz ist in Sorge, ob im Notfall genügend Blutkonserven vorhanden sein würden und ob sie auch wirklich die richtige Blutgruppe erhielte. Frau Dr. Tanz kann ihre Patientin beruhigen, schließlich würden in der Klinik täglich mehrere Hüftoperationen vorgenommen und vor einer Bluttransfusion zwei verschiedene Tests durchgeführt.

3 Wie heißen die beiden Tests, die im Labor und kurz vor der Transfusion beim Patienten durchgeführt werden?

....

....

4 Was geschieht beim Test im Labor?

....

....

....

5 Nehmen Sie an, bei der Vorbereitung einer Vollblutkonserve im Labor kommt es zur Verklumpung. Was bedeutet dies und welche Reaktion steckt dahinter?

....

....

6 Wie lautet der Fachausdruck für „Verklumpen“?

....

7 Was unterscheidet die Antikörper (AK) gegen die Antigene A und B von den AK gegen das Rhesus-Antigen?

....

....

....

5a) Das Atmungssystem – Grundlagen

Situation:

Ein trüber Nachmittag im November. Im Wartezimmer haben sich neben den bestellten Patienten noch etliche unangemeldete Patienten eingefunden. Sie husten und niesen. Ingrid Kemper bittet Karin Schmidt, einmal gründlich durchzulüften, damit die „Luft wieder besser wird“.

1 Inwiefern hat sich die Luft im Wartezimmer „verschlechtert“? Ergänzen Sie den Lückentext.

Durch das Einatmen der Patienten hat sich der .... -Gehalt der Luft im Wartezimmer verringert. Durch das Ausatmen hat sich der .... -Gehalt der Luft erhöht. Das liegt daran, dass der .... aus der Einatmungsluft in das .... aufgenommen und zu den .... transportiert wird. Dort entsteht während der Energiegewinnung ...., das wieder auf dem .... zur Lunge transportiert und dort ausgeatmet wird. Durch das Husten und Niesen hat sich der Gehalt an .... vermehrt.

2 Aus welchen Gasen setzt sich die Luft zusammen (Prozentzahlen)?

3 Durch welche Organe strömt die Luft, die wir einatmen? Verwenden Sie die entsprechenden Fachausdrücke.

4 Wie entsteht der Sog bei der Einatmung? Bringen Sie folgende Begriffe in die richtige Reihenfolge.

- Erweiterung des Brustkorbs ☐
- Die Lungenbläschen werden vergrößert. ☐
- Kontraktion der Atemmuskeln ☐
- Die Lunge wird gedehnt. ☐

5 Nennen Sie die Fachausdrücke für

Brustkorb ....

Einatmung ....

Lungenbläschen ....

Brustfell ....

6 Welche Muskeln bezeichnet man als „Atemmuskeln“?

7 Welche Bedeutung hat das Brustfell für die Atmung?

8 Als Karin den Patienten Herrn Gärtner in das Behandlungszimmer führt, beklagt er sich schon unterwegs bei ihr: „Ich habe mich extra in diesem Jahr gegen Grippe impfen lassen und nun hat es mich trotzdem erwischt!“ Was würden Sie Herrn Gärtner antworten?

9 Im Behandlungszimmer bittet Herr Gärtner Frau Dr. Tanz um ein Medikament gegen Husten, weil ihn dieser besonders nachts störe. Die Ärztin fragt den Patienten, ob beim Husten etwas herauskomme oder ob es sich um einen trockenen Husten handle. Dann bittet sie ihn, den Oberkörper frei zu machen, um die Lunge abhören zu können. Wie heißt der Fachausdruck für „Auswurf“?

10 Wie nennt man einen Husten mit Auswurf? ....

11 Welche Medikamente würde die Ärztin verordnen, wenn Herr Gärtner unter einem Husten mit Auswurf litte? (Verwenden Sie Fachausdrücke.)

12 Welche Ursache würden Sie vermuten, wenn der Auswurf eitrig ist?

13 Mithilfe welcher Untersuchungsmethoden könnte Ihre Vermutung bestätigt werden?

14 Warum möchte Frau Dr. Tanz den Patienten abhören?

15 Wie heißt der Fachausdruck für das Abhören?

16 Welche Geräusche sind bei einer Erkrankung zu hören?

5b) Das Atmungssystem – Erkrankungen

Situation:

Nach einem anstrengenden Tag kommt Kollege Stefan Schröder aus der chirurgischen Ambulanz herüber und fordert Karin auf: „Komm, lass uns noch gemeinsam eine rauchen."

1 Warum hat Karins Kollege gerade jetzt das Bedürfnis zu rauchen?

2 Welcher Wirkstoff ist dafür verantwortlich?

3 Welche Wirkung hat dieser Wirkstoff auf die Blutgefäße?

4 Ingrid Kemper kommt dazu und sagt: „Karin, du als Frau solltest noch an andere Folgen des Rauchens denken und du, Stefan, hustest doch so schon genug." Stefan erwidert: „Aber das muss doch nicht vom Rauchen kommen." Welche Risiken bestehen besonders für eine Frau, die raucht?

1.

2.

5 Erklären Sie die Entstehung des „Raucherhustens“ und eine der möglichen Folgekrankheiten, das Lungenemphysem.

6 Bei Patienten mit einem Lungenemphysem nimmt die sognannte „Vitalkapazität“ ab. Erklären Sie diesen Begriff und erläutern Sie, was das für den Patienten bedeutet.

Erklärung:

Bedeutung für den Patienten:

7 Für welche der folgenden Krankheiten ist Husten kein typisches Symptom? Kreuzen Sie bitte an.

Tonsillitis ☐ Tuberkulose ☐ Laryngitis ☐ Rhinitis ☐
Linksherzinsuffizienz ☐ Bronchialkarzinom ☐ Rechtsherzinsuffizienz ☐

8 Welche Untersuchung wird empfohlen, wenn der Husten länger als drei Wochen anhält?

9 Viele Menschen wissen, dass Rauchen Lungenkrebs erzeugt. Kennen Sie noch andere Organe, die durch das Rauchen von Krebs befallen werden können?

10 Mit welcher Untersuchungsmethode kann die Diagnose „Bronchialkarzinom“ gesichert werden? Verwenden Sie den betreffenden Fachausdruck.

6a) Notfälle in der Praxis – Leitsymptom Brustschmerzen

Situation:

In der Praxis von Frau Dr. Tanz haben sich im Wartezimmer schon vor Beginn der Sprechstunde einige Patienten versammelt. Plötzlich wird Karin Schmidt von Herrn Müller um Hilfe gerufen. Ein älterer Patient, Herr Krüger, scheint besonders aufgeregt zu sein. Er greift sich an die Brust und klagt über Engegefühl und starke Schmerzen, die in den linken Arm ausstrahlen. Auf Karins Frage erzählt er, dass er schon häufiger an solchen Beschwerden gelitten habe. Sie hätten sich aber sonst immer durch Nitroglycerin-Spray lindern lassen. Zu Karins großer Erleichterung kommt in diesem Moment Frau Dr. Tanz in die Praxis.

1. Welche Sofortmaßnahmen hätte Karin ergreifen müssen, wenn Frau Dr. Tanz nicht erschienen wäre?

   ....

   ....

   ....

   ....

2. An welcher Krankheit hat der Patient bisher gelitten?

   ....

   ....

3. Wodurch werden diese Anfälle ausgelöst?

   ....

   ....

4. An welcher Krankheit leidet der Patient möglicherweise jetzt?

   ....

   ....

5. Erklären Sie die Entstehungsgeschichte der beiden Krankheiten.

   1. ....

   ....

   ....

   2. ....

   ....

   ....

6. Welche beiden Untersuchungen wird die Ärztin anordnen, um die richtige Diagnose zu stellen?

   ....

   ....

7. Als sich die Verdachtsdiagnose bestätigt, weist Frau Dr. Tanz den Patienten in ein Krankenhaus ein. Die Begründung finden Sie, wenn Sie folgenden Lückentext ergänzen.

Aufgrund seiner jetzigen Erkrankung besteht bei dem Patienten Lebensgefahr durch Kammerflimmern und .... Kammerflimmern bedeutet, dass

....

Deshalb muss der Patient auf einer .... überwacht werden. Im Notfall kann dort sofort eine .... oder eine .... zur Wiederherstellung des Kreislaufs durchgeführt werden.

8 Welches Transportmittel würden Sie anfordern, um den erkrankten Patienten ins Krankenhaus bringen zu lassen? Kreuzen Sie die zutreffende Antwort an.

Krankenwagen ☐ Rettungswagen ☐ Rettungswagen mit Notarzt ☐

Wodurch unterscheiden sich Krankenwagen und Rettungswagen?

....

....

....

6b) Notfälle in der Praxis – Lungenödem

Situation:

Nach einigen Wochen kommt Herr Krüger erneut in die Praxis von Frau Dr. Tanz. Die Auszubildende Karin Schmidt ist erstaunt, wie gut Herr Krüger aussieht. „Ich habe auch einige meiner Lebensgewohnheiten ändern müssen, damit meine Arterien nicht weiter verkalken", sagt Herr Krüger. „Außerdem komme ich jetzt, um mir neue Medikamente zur Stärkung meines Herzens verschreiben zu lassen. Man hat mir gesagt, wenn ich diese Medikamente nicht regelmäßig nehme, kann ich ein Lungenödem bekommen und daran sterben. Woran könnte ich denn überhaupt erkennen, dass ich ein Lungenödem habe?"

1 Welche Lebensgewohnheiten erhöhen das Risiko für die Entstehung einer Arteriosklerose?

....

....

....

2 Welche Herzhälfte ist bei Herrn Krüger durch den Herzinfarkt geschädigt worden?

....

....

....

3 Nennen Sie Medikamente, die die Herzkraft verbessern.

....

....

....

4 An welchen Symptomen könnte Herr Krüger das Lungenödem erkennen?

....

....

....

....

5 Karin Schmidt fragt Frau Dr. Tanz: „Was müsste ich denn tun, wenn Herr Krüger mit solchen Symptomen in die Praxis käme?“ Was wird Frau Dr. Tanz antworten?

.....

.....

7a) Notfälle in der Praxis – Leitsymptom Atemnot (I)

Situation:

Gegen Abend ruft Frau Palm aufgeregt im Praxiszentrum an. „Mein Sohn ist schon seit gestern ‚erkältet‘, das Fieber ist nicht besonders hoch, aber nun hört man beim Einatmen ein merkwürdiges Geräusch. Ich habe Angst, dass er erstickt.“ Monika Düvel stellt Frau Palm einige Fragen. Dann bittet sie die Mutter, mit ihrem Sohn in die Praxis zu kommen.

1 An welche Krankheit muss man bei einem 4-jährigen Kind mit dieser Anamnese denken?

.....

.....

2 Nach welchen weiteren Symptomen hat Monika Düvel gefragt?

.....

.....

3 In welchem Organ spielt sich diese Erkrankung ab? .....

.....

4 Als Frau Palm mit ihrem Sohn Felix in die Praxis kommt, ist deutlich das ziehende Einatmungsgeräusch zu hören. Wie heißt der Fachausdruck dafür? .....

.....

5 Frau Dr. Tanz beruhigt Frau Palm folgendermaßen. Ergänzen Sie den folgenden Lückentext.

„Wir lassen Felix etwas ..... inhalieren. Wenn Sie dann noch den Raum, in dem Ihr Sohn sich aufhält, ... und die Luft ....., schwellen die Schleimhäute normalerweise schnell wieder ab. Sie sollten aber Ihren Sohn ...... Falls sich sein Zustand wider Erwarten verschlechtern sollte, was aber nur sehr selten passiert, können Sie noch ..... in Form eines Zäpfchens verabreichen. Ich werde Ihnen davon gleich mehrere verschreiben, da die Möglichkeit besteht, dass dieser Zustand sich bei einem nächsten Infekt wiederholt.

6 Wie heißt der Fachausdruck für

a) Zäpfchen: .....

.....

b) ein erneutes Auftreten der gleichen Krankheit: .....

.....

7 Welche Vorteile hat die Gabe eines Medikaments in Form von Zäpfchen?

.....

.....

8 Was ist bei der Aufbewahrung von Zäpfchen zu beachten?

9 Nennen Sie zwei weitere Erkrankungen, die sich durch ein Einatmungsgeräusch bemerkbar machen:

10 Nennen Sie zwei Patientengruppen, die besonders gefährdet sind, Fremdkörper einzuatmen:

7b) Notfälle in der Praxis – Leitsymptom Atemnot (II)

Situation:

Frau Brüggemann kommt in die ärztliche Praxis von Frau Dr. Tanz zur Blutdruckkontrolle. Bei der Messung des Blutdrucks fällt der Medizinischen Fachangestellten Ingrid Kemper ein großes dunkles Muttermal am Unterarm der Patientin auf. Sie bittet Frau Dr. Tanz, einen Blick darauf zu werfen. Als Frau Dr. Tanz das Muttermal sieht, sagt sie zu Ingrid Kemper: „ Schicken Sie die Patientin sofort in die chirurgische Praxis von Dr. Bödeker. Er wird eine Exzision in Lokalanästhesie machen. Sie sind doch damit einverstanden, Frau Brüggemann?" Während Frau Dr. Tanz schon wieder den Raum verlässt, um zwischendurch noch ein wichtiges Telefonat zu erledigen, bemerkt Ingrid, wie sich die Atmung von Frau Brüggemann verändert. Beim Ausatmen der Patientin hört sie ein ziehendes pfeifendes Geräusch. Besorgt fragt sie: „Frau Brüggemann, was kann ich für Sie tun?" Frau Brüggemann spricht mit Mühe: „Ich bin so aufgeregt. Was passiert denn jetzt mit mir? Exzision, Lokalanästhesie, was heißt das denn? Aber vielleicht bringen Sie mir bitte zuerst einmal meine Handtasche. Darin befindet sich mein Spray." Ingrid ruft Frau Dr. Tanz und fragt: „Könnte Frau Brüggemann einen Asthmaanfall haben?" Da erinnert sich Frau Dr. Tanz an die Anamnese der Patientin. Sie entschuldigt sich bei Frau Brüggemann.

1 Woraus hat Ingrid geschlossen, dass es sich bei Frau Brüggemann um einen Asthmaanfall handeln könnte? (zwei Stichpunkte)

2 Wodurch ist bei Frau Brüggemann der Asthmaanfall ausgelöst worden?

Nennen Sie zwei weitere Ursachen für einen Asthmaanfall.

3 Durch welches Verhalten hätte Frau Dr. Tanz möglicherweise den Asthmaanfall von Frau Brüggemann verhindern können?

4 Welche Wirkung hat ein „Asthmaspray“?

5 Nennen Sie zwei Medikamente, die bei einem Asthmaanfall inhaliert werden können.

6 Wie würden Sie einer neuen Patientin die Benutzung eines Inhalators erklären?

7 Was macht die Benutzung eines Dosieraerosols für manche Patienten schwierig?

8 Wie werden Patienten mit Atemnot gelagert?

9 Welche Veränderungen findet man in den Bronchien bei einem Asthmaanfall?

10 Welches Symptom deutet auf einen schweren Asthmaanfall hin?

8a) Notfälle in der Praxis – Blutungen

Situation:

Frau Günther ruft aufgeregt in der Praxis von Dr. Hardinghaus an und berichtet: „Meinem Mann geht es sehr schlecht. Er hat Blut gespuckt und sieht inzwischen ganz blass aus.“ Die Auszubildende im ersten Ausbildungsjahr, Karin Schmidt, fühlt sich überfordert und gibt das Gespräch weiter an Herrn Dr. Hardinghaus. Dieser fragt Frau Günther nach der Farbe des Blutes. Dann sagt er zu ihr: „Wir schicken Ihnen auf dem schnellsten Weg den Rettungswagen mit Notarzt. Die Situation scheint mir sehr gefährlich.“ Herr Günther ist schon lange in der Praxis von Dr. Hardinghaus in Behandlung. Er leidet an einer Leberzirrhose als Folge von Alkoholabusus.

1 An welches Krankheitsbild denkt Herr Dr. Hardinghaus?

Wie kommt es zustande?

2 Warum hat er nach der Farbe des Blutes gefragt?

Wie ist die Antwort von Frau Günther ausgefallen?

3 Karin Schmidt fragt: „Kann das erbrochene Blut denn auch eine andere Farbe haben?“ Beantworten Sie diese Frage und nennen Sie die mögliche andere Farbe. Für welche Krankheit wäre das ein Zeichen?

4 Warum sind Blutungen bei Patienten mit einer Leberzirrhose besonders gefährlich?

5 Karin Schmidt fragt weiter: „Ich habe gehört, dass man auch Blut aushusten kann?“ Nennen Sie Erkrankungen, für die das ein charakteristisches Symptom ist.

8b) Notfälle in der Praxis – Blutungen

Situation:

Frau Dr. Tanz macht einen Hausbesuch bei einem Patienten mit Nasenbluten. Begleitet wird sie von der Auszubildenden Lisa Kampus. Der Patient liegt auf seinem Bett und hat den Kopf in den Nacken gelegt. „So sollten Sie aber nicht liegen bleiben“, erklärt Frau Dr. Tanz. „Lagern Sie Herrn Siemens mal richtig“, bittet sie Lisa Kampus.

1 Wie lagert Lisa Kampus den Patienten?

2 Wie erfolgt die Blutstillung bei Nasenbluten?

3 Nennen Sie außer Verletzungen zwei andere Ursachen für Nasenbluten.

4 Warum empfiehlt man Patienten, die z. B. Nasenbluten haben, das Blut nicht herunterzuschlucken?

9a) Notfälle in der Praxis – Leitsymptom Schmerz in den Beinen

Situation:

Frau Petersen (72 Jahre alt) kommt zum ersten Mal in das Praxiszentrum. An der Rezeption wird sie von der Medizinischen Fachangestellten Monika Düvel nach ihren Beschwerden gefragt. „Ich habe seit zehn Tagen eine Wunde am Unterschenkel, die überhaupt nicht heilen will. Ich weiß auch gar nicht, wie sie eigentlich entstanden ist." „Dann gehen Sie am besten erst einmal zu Frau Dr. Tanz. Sie wird Ihnen schon helfen können." Frau Dr. Tanz schaut sich die Beine von Frau Petersen an und stellt fest, dass sie geschwollen sind und bläulich aussehen. Ein Geschwür befindet sich an der medialen Seite des linken Unterschenkels oberhalb des Innenknöchels.

1 Wie heißt a) der Fachausdruck, b) der deutsche Begriff für:

a) Unterschenkelgeschwür ....

....

b) medial ....

....

2 Worin besteht der Unterschied zwischen einem Geschwür und einer Geschwulst?

....

....

3 Man kann aufgrund der Lokalisation (Ort des Auftretens), des Aussehens und der Schmerzanamnese zwischen einem venösen und einem arteriellen Ulcus unterscheiden. Tragen Sie bitte folgende Begriffe in die unten stehende Tabelle ein.

Ferse* • *Fußpulse meist fehlend* • *Innenknöchel* • *kühle weiße Haut* • *medialer Unterschenkel* • *Ödem* • *Schmerz vorhanden* • *Spannungsgefühl* • *Zehen

	Venöses Ulcus	Arterielles Ulcus
Lokalisation		
Aussehen des Beines		
Schmerz		

4 Erklären Sie die Entstehungsgeschichte dieser beiden Geschwürsarten.

Venöses Ulcus ....

....

Arterielles Ulcus ....

....

5 Was ist eine Gangrän?

6 Um welche Geschwürsart handelt es sich bei Frau Petersen?

7 Durch welche Untersuchungen lässt sich die Ursache dieses Geschwürs herausfinden?

9b) Notfälle in der Praxis – Thrombosen der Beinvenen

Situation:

Die Medizinische Fachangestellte Petra Balde legt Frau Petersen einen Kompressionsverband an und empfiehlt ihr, viel zu laufen. Beim Sitzen sollte sie die Beine hochlegen. „Diese Maßnahmen sind wichtig, damit sich keine Gerinnsel in den tiefen Beinvenen bilden. Das könnte lebensgefährlich werden.“, ergänzt Dr. Bödeker.

1 Welche Wirkung hat ein Kompressionsverband?

2 Worauf ist beim Anlegen eines Kompressionsverbandes zu achten?

1.

2.

3 Wie heißt der Fachausdruck für den Verschluss der tiefen Beinvenen durch Gerinnselbildung?

4 Was passiert, wenn sich ein Gerinnsel in den tiefen Beinvenen löst?

Welche lebensgefährliche Folgekrankheit kann entstehen?

Welche Symptome verursacht diese Krankheit?

Wie müsste Frau Petersen in diesem Falle gelagert werden?

5 Zur Vorbeugung dieser Gefahr werden den Patienten häufig Antikoagulanzien verordnet, z. B. Cumarine, Heparin oder Acetylsalicylsäure (z. B. ASS, Aspirin). Diese Substanzen unterscheiden sich durch die Art und Weise, wie sie die Gerinnung hemmen und wie sie in den Körper gelangen.

Fügen Sie bitte (evtl. mithilfe eines medizinischen Lexikons) folgende Begriffe sinnvoll in die Tabelle ein:

hemmt die Wirkung verschiedener Gerinnungsfaktoren (vor allem von Thrombin) • hemmen die Wirkung von Vitamin K in der Leber • hemmt die Zusammenballung von Thrombozyten • oral • subkutan

	Wirkung	**Verabreichung**
Heparin		
Cumarine		
Acetylsalicylsäure		

10a) Notfälle in der Praxis – Leitsymptom Bewusstseinsstörung

Situation:

Frau Clara Müller hat längere Zeit auf der Behandlungsliege von Herrn Dr. Bödeker gelegen, da aus einer Wunde mehrere kleine Splitter entfernt werden mussten. Als sie erfährt, dass die Behandlung nun beendet ist, erhebt sie sich schnell und erleichtert von der Liege, um die Praxis zu verlassen. Plötzlich schwankt sie und fällt – noch bevor Dr. Bödeker sie auffangen kann – um.

1 Wie sieht die Patientin aus?

2 Was prüfen Sie bei der Patientin?

3 Welche Sofortmaßnahmen ergreifen Sie in dieser Situation?

4 Dank Ihrer Hilfe ist die Patientin bald wieder munter. Erklären Sie, warum die Patientin umgefallen ist.

5 Wie heißt der Fachausdruck für diese Art der Kreislaufstörung?

6 Nennen Sie andere Ursachen, die zu solch einer Kreislaufstörung führen können.

7 Wie gehen Sie bei der Blutentnahme mit Patienten um, die zu solch einer Kreislaufstörung neigen?

8 Eine solche Kreislaufstörung kommt häufiger bei Patienten mit niedrigem Blutdruck vor. Worunter leiden Patienten mit niedrigem Blutdruck sonst noch?

9 Nennen Sie Maßnahmen, die den Blutdruck erhöhen bzw. stabilisieren können.

10 In welche Lage hätten Sie die Patientin bringen müssen, wenn sie längerfristig bewusstlos geblieben wäre?

11 Beschreiben Sie mithilfe der folgenden Abbildung, wie Sie einen bewusstlosen Patienten lagern.

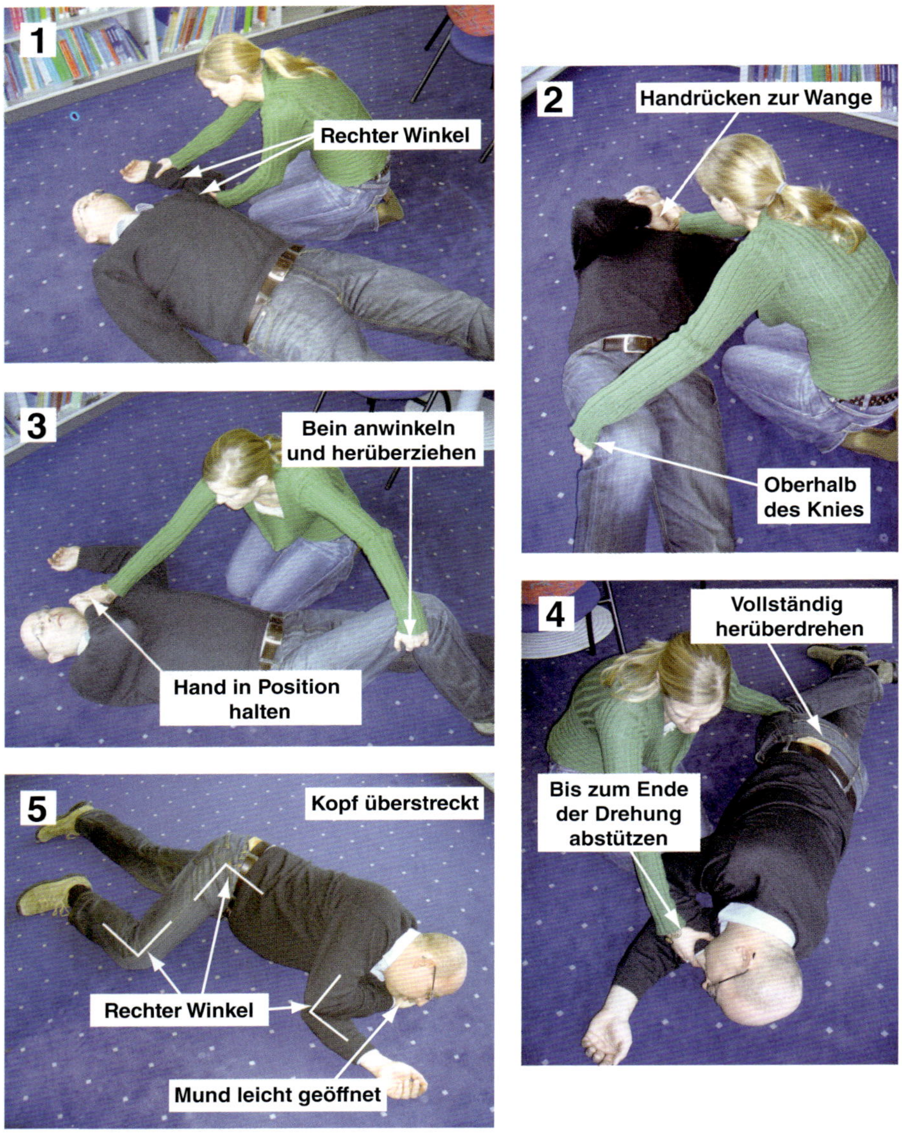

10b) Notfälle in der Praxis – Leitsymptom Bewusstseinsstörung

Situation:

Frau Meyer kommt mit ihrem Sohn Denis in die chirurgische Praxis von Herrn Dr. Bödeker. Denis ist vom Fahrrad gestürzt und hat sich eine Platzwunde am Kopf zugezogen. Dr. Bödeker tastet den Schädel ab. Es besteht kein Verdacht auf einen Schädelbruch. Dann möchte Dr. Bödeker wissen, ob Denis auch eine Gehirnerschütterung erlitten hat.

1. Welche Symptome müsste Denis in diesem Falle aufweisen?

2. Wie heißt der Fachausdruck für Gehirnerschütterung?

Herr Dr. Bödeker rät Frau Meyer, ihren Sohn noch zwölf Stunden ruhigzustellen und zu überwachen. Wenn sich dann Zeichen eines erhöhten Hirndrucks (Kopfschmerz, Bewusstseinsstörungen, tiefe, langsame Atmung, verlangsamter Puls) entwickeln sollten, müsste Denis sofort in ein Krankenhaus eingeliefert werden.

Welche Gefahr besteht auch noch Stunden später nach einem Schädeltrauma?

10c) Notfälle in der Praxis – Leitsymptom Bewusstseinsstörung

Situation:

Herr Maier, ein 65-jähriger Patient von Frau Dr. Tanz, erscheint zu einer Krebsfrüherkennungsuntersuchung im Praxiszentrum. Während der Vorbesprechung erzählt der Patient, dass er vor einiger Zeit plötzlich nicht mehr richtig sprechen und sehen konnte. „Was meine Frau zu mir gesagt hat, habe ich zwar gehört, aber nicht verstanden“, erklärt er weiter. „Das Ganze hat aber nur zehn Minuten gedauert, dann war alles wieder vorbei.“ „Das wird wohl eine TIA gewesen sein“, antwortet Frau Dr. Tanz. „Wenn das noch einmal passiert, müssen Sie sich unbedingt melden. Und wenn niemand in der Praxis ist, rufen Sie bitte sofort den Rettungsdienst. Nur durch eine schnelle, gute Versorgung in einer „stroke unit“ kann größerer Schaden vermieden werden. Es ist außerdem wichtig, dass Sie genug trinken und ab jetzt regelmäßig ASS (Acetylsalicylsäure) einnehmen. Frau Kemper wird bei Ihnen noch den Blutdruck messen.“

1. Erklären Sie Herrn Maier, was man unter einer TIA versteht.

2 Welche Gefahr besteht für Patienten, die schon mal eine TIA erlitten haben?

3 Was soll ASS bei Herrn Maier bewirken?

4 Warum soll Herr Maier genug trinken?

5 Wie viel sollte Herr Maier pro Tag trinken?

6 Wie heißt der Fachausdruck für Austrocknung?

7 Während Ingrid Kemper den Blutdruck misst, erklärt sie Karin Schmidt, der Auszubildenden im ersten Ausbildungslehrjahr, was man bei der Blutdruckmessung alles falsch machen kann. Nennen Sie mindestens drei Punkte, die Ingrid Kemper ansprechen muss.

8 Was versteht man unter einer „stroke unit"?

9 Wo befindet sich die nächste „stroke unit" in der Umgebung Ihrer Ausbildungspraxis?

10 Nennen Sie ein besonders typisches Symptom eines Schlaganfalls und erklären Sie seine Entstehung.

Symptom:

Entstehung:

11 Wie wird ein Patient mit akutem Schlaganfall während des Transportes gelagert?

12 Nennen Sie drei Symptome eines Schlaganfalls, die durch den erhöhten Hirndruck zu erklären sind.

13 Nennen Sie vier weitere Erkrankungen, die zu einem erhöhten Hirndruck führen können.

14 Woran können Patienten mit erhöhtem Hirndruck sterben?

10d) Notfälle in der Praxis – Leitsymptom Bewusstseinstörung

Situation:

Monika Düvel, Medizinische Fachangestellte des Praxiszentrums Lindau, hat heute Frühdienst. Als sie die Haustür zur Praxis aufschließen will, stellt sie fest, dass die Tür nur angelehnt ist. Im Treppenhaus findet sie einen jungen Mann zusammengekauert in der Ecke. Sie erschrickt und fragt sich: „Was macht dieser Mann denn hier? Schläft er seinen Rausch aus oder hat er eine Überdosis Heroin gespritzt?“ Sie prüft die Vitalfunktionen und stellt dabei fest, dass der Mann lebt, aber seine Vitalfunktionen verändert sind. Er steht allerdings nicht unter Alkoholeinfluss. Daraufhin sucht Monika Düvel, gezielt nach Hinweisen für eine Heroinvergiftung und wird fündig.

1 Was prüft Monika, wenn sie die Vitalfunktionen prüft?

2 Wie verändern sich die Vitalfunktionen durch eine Überdosis Heroin?

3 Wann spricht man von tiefer Bewusstlosigkeit? Wie heißt der Fachausdruck dafür?

Fachausdruck:

4 Nennen Sie drei andere Arten von Bewusstseinsstörungen.

5 Was versteht man unter einer Überdosis?

6 Wonach hat Monika gesucht, um die Diagnose „Heroinvergiftung“ zu sichern? (zwei Stichpunkte)

7 Woran können Patienten mit einer Heroinvergiftung sterben?

8 Welche Maßnahmen wird Monika ergreifen, um den Mann zu retten?

9 Was hätte Monika zusätzlich gemacht, wenn sie neben dem Bewusstlosen die leere Packung eines Medikaments gefunden hätte, das sie nicht kennt?

10 Ermitteln Sie die Telefonnummer einer solchen Einrichtung in Ihrer Nähe.

11 Wie verhalten sich Pupillen, Blutdruck und Puls bei einer Vergiftung durch Haschisch?

Pupillen:

Blutdruck: Puls:

12 Welche besondere Gefahr besteht bei Patienten mit einer Alkoholvergiftung?

13 Woran hat Monika erkannt, dass der Mann im Treppenhaus wahrscheinlich keinen Alkohol getrunken hatte?

14 Ab welcher Alkoholkonzentration im Blut besteht Lebensgefahr?

15 Wie kann es zu einem Alkoholdelirium kommen? (zwei Möglichkeiten)

16 Nennen Sie zwei charakteristische Symptome eines Deliriums.

11 Notfälle in der Praxis – Desorientiertheit

Situation:

Herr Kettler (80 Jahre alt) kommt in die Praxis von Herrn Dr. Bödeker und wird von der Auszubildenden Silke Peters empfangen. Silke Peters kennt Herrn Kettler nicht und fragt, was sie für ihn tun könne. Herr Kettler antwortet: „Aber Sie wissen doch, dass ich heute einen Termin zur Blutdruckkontrolle bei Ihnen habe." Silke Peters überlegt kurz und ruft dann in der Praxis Dr. Hardinghaus an. Jutta Koch erklärt ihr: „Der Patient ist bei uns bekannt. Sein Termin zur Blutdruckkontrolle ist aber erst übermorgen. Aber wundert euch nicht, Herr Kettler leidet schon seit einiger Zeit an der Alzheimerschen Krankheit." „Und ich habe schon gedacht, Herr Kettler hätte ein paar Bierchen zu sich genommen", antwortet Silke Peters.

1. Was wird Silke mit Herrn Kettler machen?

2. Wie heißt der Fachausdruck für den Zustand, in dem Patienten keine richtigen Vorstellungen von Raum und Zeit haben?

3. Nennen Sie weitere Symptome, die typisch für die Alzheimersche Krankheit sind.

4. Herr Kettler hat Silke Peters die Schuld dafür gegeben, dass sie über ihn und seinen Termin nicht Bescheid gewusst hat. Wie hätte sich ein depressiver Patient wahrscheinlich eher verhalten?

5. Wie nennt man einen akuten Verwirrtheitszustand, der bei Alkoholikern nach übermäßigem Alkoholgenuss auftreten kann?

   Warum müssen diese Patienten schnell in ein Krankenhaus eingewiesen werden?

12 Notfälle in der Praxis – Innere Verletzungen/Kreislaufschock

Situation:

In die Praxis von Herrn Dr. Bödeker kommt Frau Birgitta Waigel. Sie erzählt, dass ihr in ihrer Wohnung schwindlig geworden und sie mit dem Bauch auf die Ecke ihres Esstisches gestürzt sei. Sie sieht sehr blass aus und klagt über Bauchschmerzen. Herr Dr. Bödeker tastet ihren Bauch ab. „Er ist noch weich. Aber wir müssen Sie unbedingt weiterbeobachten", sagt er zu Frau Waigel.

1. Welche Gefahr besteht als Folge eines Bauchtraumas?

2. Welche Organe könnten verletzt sein?

3. Auf welche Zeichen muss bei Frau Waigel in den nächsten Stunden geachtet werden?

4. Was ist zu tun, wenn sich bei Frau Waigel ein Kreislaufschock mit „akutem Abdomen" entwickeln sollte?

13 Notfälle in der Praxis – Stillstand von Atmung und Herz-Kreislauf

1. Das Leben eines Menschen ist das höchste zu schützende Gut. Daher ist es die Pflicht jedes Bürgers, Menschen in Not zu helfen. Die Hilfsmaßnahmen lassen sich in Form einer Rettungskette darstellen (siehe Abb. unten). Eine Kette ist immer nur so stabil wie ihr schwächstes Glied. Prüfen Sie mithilfe folgender Fragen, ob Sie sich in einem Notfall, z. B. bei einem Unfall, richtig verhalten würden.

1. Wichtigste Maßnahmen, um das Leben zu erhalten. Eigenschutz beachten
2. Notruf mit den 5 Ws absetzen (lassen)
3. Weitere Hilfsmaßnahmen
4. Versorgung durch professionelle Helfer
5. Umfassende medizinische Behandlung

a) Welche Abschnitte der Kette müssten Sie übernehmen?

b) Nachdem Sie sich einen Überblick über die Situation verschafft haben, wenden Sie sich dem Patienten zu. Welche lebenswichtigen Funktionen sind zu prüfen?

c) Beschreiben Sie kurz die Durchführung der Prüfung.

d) Beschreiben Sie die drei Maßnahmen zur Reanimation in der richtigen Reihenfolge.

e) Was soll mit dem Esmarch-Handgriff erreicht werden?

f) Karin Schmidt wird auf dem Weg zur Praxis Zeugin eines schweren Verkehrsunfalls. Welche Nummer hat der Notruf?

g) Wo können Sie gebührenfrei einen Notruf absetzen? Kreuzen Sie Zutreffendes an.

☐ Notrufsäulen ☐ Telefonzellen ☐ Funktelefone

h) Nennen Sie die Punkte (5 Ws), die Karin beim Notruf berücksichtigen muss, um die Arbeit des Rettungsdienstes zu erleichtern.

i) Zu den erweiterten Maßnahmen könnten die unten genannten gehören. Begründen Sie diese Maßnahmen.

Maßnahme	Begründung
Wunden abdecken	....
Frakturen ruhig stellen	....
den Patienten zudecken	....
psychische Betreuung	....
	....

14 Diabetisches Koma und hypoglykämischer Schock

Situation:

In der Praxis herrscht heute Hochbetrieb. Neben den bestellten Patienten sind noch drei Patienten mit akuten Schmerzen erschienen. Außerdem hat sich die Behandlung eines Patienten wegen unvorhersehbarer Komplikationen verzögert. Das hat den ganzen Zeitplan durcheinander gebracht. Einige Patienten warten deshalb schon länger im Wartezimmer. Als Karin ins Wartezimmer kommt, um den Patienten die Situation zu erklären, bemerkt sie plötzlich, dass der Patient Herr Meier blass und mit zittrigen Händen auf seinem Stuhl sitzt. Der Schweiß steht ihm auf der Stirn. Auf Karins Ansprache reagiert er nur zögerlich. Sie informiert ihre Kollegin Monika. Diese erinnert sich sofort daran, dass Herr Meier auf seinem Anamnesebogen angegeben hat, er sei Diabetiker.

1. Woran leidet Herr Maier möglicherweise jetzt?

....

....

2. Erklären Sie die Entstehung dieses Zustandes.

....

....

....

....

3. Was ist zu tun?

....

4. Welche Gefahr besteht für den Patienten, wenn Sie ihn nicht ordnungsgemäß versorgen?

....

....

5. Welche der folgenden Symptome passen zum hypoglykämischen Schock (**A**), welche zum diabetischen Koma (**B**)? Ordnen Sie die Buchstaben den Begriffen richtig zu.

☐☐ Bewusstlosigkeit
☐ Muskelkrämpfe
☐ feuchte Haut
☐ hoher Blutzuckerspiegel
☐ trockene Haut
☐ niedriger Blutzuckerspiegel
☐ tiefe Atmung

6 Welche Behandlung wäre bei einem diabetischen Koma notwendig?

....

....

7 Nennen Sie eine andere Krankheit, bei der anfallsweise Muskelkrämpfe mit Bewusstlosigkeit auftreten.

....

....

Welche Sofortmaßnahmen würden Sie in dem Fall durchführen?

....

....

Wodurch können Krampfanfälle ausgelöst werden?

....

....

....

8 Mit welcher Untersuchungsmethode lässt sich ein Krampfanfallsleiden auch ohne Krampfanfall feststellen?

....

....

9 Welche Gefahr besteht bei einem Fieberkrampf?

....

....

15 Notfälle in der Praxis – Kreislaufschock/Notfallkoffer

Situation:

Bei Frank Pickner wird gegen Heuschnupfen eine Hyposensibilisierung durchgeführt. Plötzlich klagt er über Übelkeit, Kopfschmerzen und Atemnot. Er sieht blass aus, Schweiß steht auf seiner Stirn. Sein Puls ist schnell und flach.

1 Erklären Sie die Entstehung der Symptome bei diesem Patienten, indem Sie folgende Aussagen vervollständigen.

Bei einer Hyposensibilisierung werden Substanzen eingespritzt, auf die der Patient .... Solche Substanzen werden auch .... genannt. Bei einer solchen Reaktion werden Stoffe freigesetzt wie z. B. .... Sie verursachen eine .... und .... mit der Folge, dass .... Durch Kontraktion der glatten Muskulatur in den Bronchien und Abgabe eines zähen Sekrets kommt es wie bei diesem Patienten zu ....

2 Es gibt verschiedene Ursachen eines Kreislaufschocks. Ordnen Sie bitte der jeweiligen Schockart die entsprechenden Ursachen zu.

Volumenmangelschock	☐ ☐ ☐ ☐	**A**	durch Vergiftung des Blutes
septischer Schock	☐	**B**	Blutungen
anaphylaktischer Schock	☐	**C**	Erbrechen
kardiogener Schock	☐	**D**	durch Schädigung des Herzmuskels
		E	Verbrennungen
		F	anhaltender Durchfall
		G	allergische Reaktion

3 Ergänzen Sie bitte den folgenden Lückentext mithilfe der aufgeführten Silben und Begriffe.

blas • Blut • dex • dri • druck • engt • feuch • fre • ga • gen • ger • in • küh • le • lebens • li • ne • nie • Or • Puls • quenz • sation • schem • Schock • se • sys • te • ti • to • tra • ver • wert • wich • Zen

Im Gegensatz zur Ohnmacht entstehen beim Kreislaufschock die Symptome ....

.................., ..., ...,

Haut, schneller .... und .... Blutdruck durch eine sinnvolle Gegenregulation des vegetativen Nervensystems. Die Blutgefäße in der Peripherie werden ...., damit die Durchblutung der .... gewährleistet ist.

Das wird .... des Kreislaufs genannt. Ein Maß für die Schwere des Kreislaufschocks ist der ...., das ist das Verhältnis von .... und ....

....

4 Beschreiben Sie die normale Schocklage.

....

....

5 Durch welche zusätzlichen Symptome kann eine andere Art der Lagerung bei einem Kreislaufschock notwendig werden? Nennen Sie die beiden Symptome und die jeweilige Art der Lagerung.

Symptome	Art der Lagerung

6 Damit bei einem Notfall in der Praxis, z. B. einem Kreislaufschock, schnell Hilfe geleistet werden kann, sollte ein Notfallkoffer bereitstehen.

Kontrollieren Sie anhand der folgenden Aufstellung den Inhalt des Notfallkoffers in Ihrer Ausbildungspraxis.

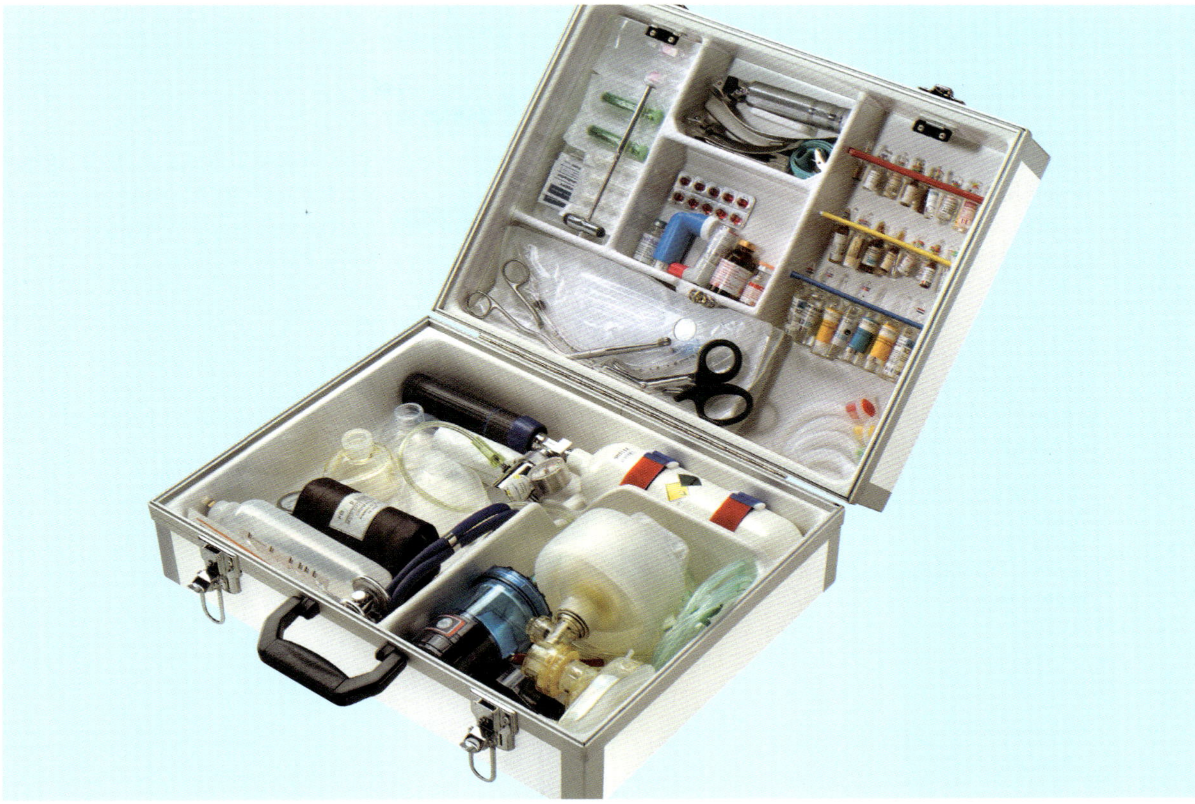

Sauerstoff
- 1 1-l-Sauerstoffflasche, Fülldruck 200 bar/ med. O_2, (Vorrat für ca. 40 Minuten)
- 1 Präzisions-Druckminderer fest eingestellt, 5 l/min

Inhalation
- 1 Inhalationsmaske mit Sparbeutel
- 1 Sauerstoff-Nasenbrille
- 1 Sauerstoffkatheter mit Kompresse, CH 12

Beatmung/Reanimation
- 1 Beatmungsbeutel, (Erwachsene/Kinder) 1 600 ml, mit Patientenventil
- 2 Beatmungsmasken Gr. 3 + 5
- 1 Sauerstoffreservoir
- 1 Sauerstoffschlauch

Kreislauf
- 1 Einhandstaubinde
- 4 Venenverweilkanülen G 18, G 20
- 4 Fixierpflaster für Venenverweilkanülen
- 1 Infusionsbesteck
- 6 Einmalspritzen 2 ml, 5 ml, 10 ml
- 6 Einmalkanülen Gr. 1, G 14
- 1 Ampullensäge
- 5 Alkoholtupfer
- 1 Infusionslösung

Notfallinstrumente
- 3 Guedeltuben Gr. 2, 3, 5
- 1 Beißkeil
- 1 Hyperventilationsmaske
- 1 Magillzange
- 1 Kleiderschere

Diagnose
- 1 manuelles Blutdruckmessgerät mit Oberarmmanschette
- 1 Stethoskop
- 1 Diagnoseleuchte

7 Wozu dient ein Guedeltubus?

8 Welche Vorschriften bestehen für die Benutzung, Aufbewahrung und Wartung einer Sauerstoffflasche, die zum Inhalt des Notfallkoffers gehört? Nutzen Sie für Ihre Lösung die Gebrauchsanweisung und das Medizinproduktegesetz. Vorschriften:

Wer gibt das Medizinproduktegesetz heraus? ....

9 Der Inhalt einer Sauerstoffflasche wird wie folgt berechnet:

Druck in bar (siehe Manometeranzeige) multipliziert mit dem Flaschenvolumen, z. B. 200 bar multipliziert mit 1 l (Flaschenvolumen) = 200 l. Damit kann ein Patient 40 Minuten beatmet werden, wenn er 5 l/min bekommt. Wie lange können Sie einen Patienten noch beatmen, wenn das Manometer auf 150 bar steht? (Sauerstoffmenge/min = 5 l)

....

....

10 Ermitteln Sie mithilfe der „Roten Liste", wann folgende Medikamente, die außer Morphium Inhalt eines Notfallkoffers sein sollten, verabreicht werden.

Aspisol 50®
Inhalt:
Aspirin® (Acetylsalicylsäure)
Indikation:

....

Tavegil®/Fenestil®
Inhalt:
Antihistaminikum/Clemastin
Indikation:

....

Adrenalin

Indikation:

....

Valium®
Inhalt:
Diazepam
Indikation:

....

Atropin

Indikation:

....

Morphium (Morphin)

Indikation:

....

Corangin-Nitro-Spray®
Inhalt:
Glycerylnitrat
Indikation:

....

NaCl 0,9 %
Inhalt:
Physiologische Kochsalzlösung
Indikation:

....

Glukose 40 % (10 ml)
Inhalt:
Glukose
Indikation:

....

Adalat 10®
Inhalt:
Nifedipin
Indikation:

....

Viele Notärzte lehnen den Gebrauch von Medikamenten, die in ihrer Wirkung gefährlich sind, durch Ungeübte ab. Adrenalin, Atropin, Morphium und Valium® sollten grundsätzlich nur durch Fachkundige appliziert werden.

Lernfeld 8: Patienten bei diagnostischen und therapeutischen Maßnahmen der Erkrankungen des Urogenitalsystems begleiten

1 Das Harnsystem

Situation:

Während der Mittagspause sprechen die Medizinischen Fachangestellten Monika Düvel und Ingrid Kemper über eine 25-jährige Patientin, die seit ihrer Kindheit immer wieder an Harnwegsinfektionen leidet. Frau Rena Bürgermann kommt heute Nachmittag in die Praxis, weil wieder Beschwerden aufgetreten sind. Die Auszubildende Jutta Koch sitzt dabei. Monika fragt sie: „Hast du in der Berufsschule schon etwas über die Nieren und die ableitenden Harnwege gelernt?" Jutta antwortet: „Ja, im Fach ‚Behandlungsassistenz'; überzeugt euch doch von meinem Wissen!" Beantworten Sie bitte für Jutta Monikas und Ingrids Fragen.

1. Wo liegen die beiden Nieren?

2. Welche Form und welche Farbe haben die Nieren?

3. Welche drei Nierenteile erkennt man, wenn man eine Niere der Länge nach durchschneidet?

4 Monika zeigt Jutta eine Abbildung der Niere und bittet sie, die Teile zu benennen. Bitte beschriften Sie die folgenden Abbildung.

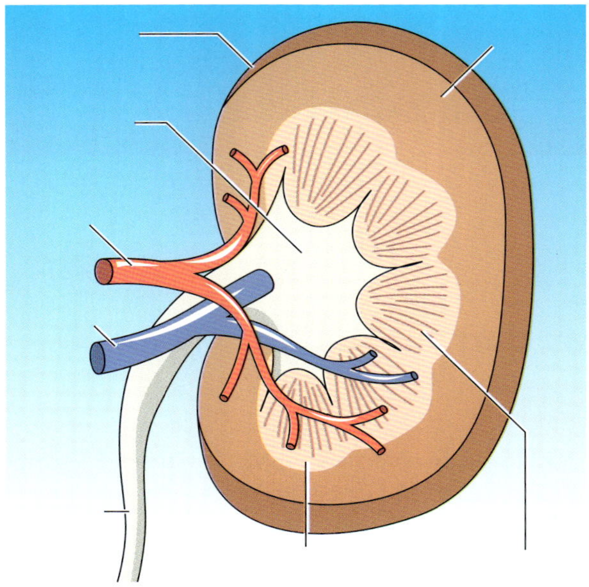

5 Welche drei Bestandteile gehören zum Nephron = Funktionseinheit der Niere?

a) Nierenvene ☐	c) Bowman'sche Kapsel ☐	e) Nierenbecken ☐	g) Sammelrohr ☐
b) Nierenkapsel ☐	d) Nierenkanälchen ☐	f) Glomerulus ☐	

6 Am Ende der Mittagspause hat Jutta noch eine Bitte: „Eure Fragen konnte ich richtig beantworten, aber leider habe ich noch nicht ganz verstanden, wie die Niere den Urin bildet. Könnt ihr mir das genau erklären?“

Ergänzen Sie die folgenden Worte in Ingrids Erklärung. Die Abbildungen sollen Ihnen helfen, den Text besser zu verstehen.

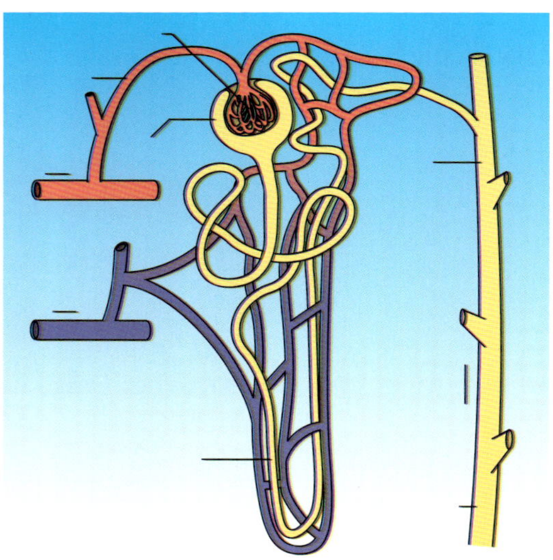

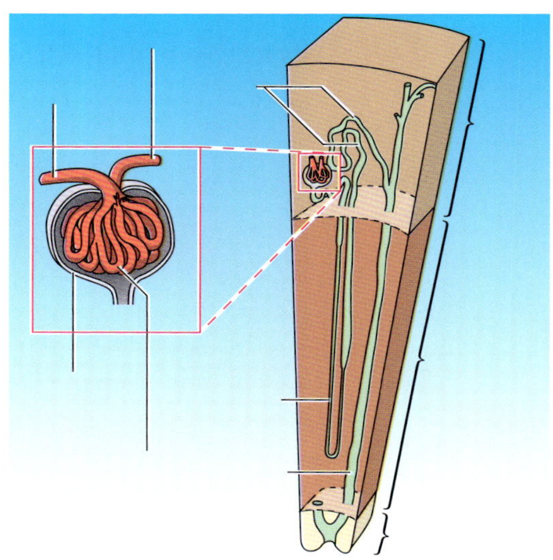

7 Tragen Sie die folgenden Begriffe in den Lückentext ein.

• Bowman'sche Kapsel • Blutdruck • Nierenarterie • Blutzellen • Primärharn • Wasser • Nierenrinde • Kapillaren • Glomeruli • Henle'sche Schleife • Nierenbecken • Sammelrohr • Endharn

Die ______ verzweigt sich innerhalb der ______ in ca. eine Million Knäuel aus Kapillarschlingen, die ______. Jeder Glomerulus liegt in einer dünnwandigen, becherförmigen Erweiterung des Harnkanälchens, der ______. Durch die Kapillarwände des Glomerulus wird eine plasmaähnliche Flüssigkeit ohne große Eiweißkörper und ______ in die Bowman'sche Kapsel gepresst. Den dazu benötigten Druck baut der ______ auf. Diese Flüssigkeit heißt ______. Er fließt im Harnkanälchen, das in starken Windungen in der Nierenrinde verläuft, dann die ______ bildet und zuletzt in das ______ mündet. Auf diesem Weg wird dem Primärharn der größte Teil des ______ entzogen und alle darin gelösten Stoffe, die nicht ausgeschieden werden müssen, werden wieder in die umgebenden ______ aufgenommen. Der so entstandene ______ oder Urin fließt über die Sammelrohre in die Spitzen der Kelche des ______. Von dort wird er über die ableitenden Harnwege nach außen geleitet.

8 Bitte kreuzen Sie die falsche Aussage über die Niere an.

a) Die Glomeruli sind Knäuel aus Kapillarschlingen.
b) Die Bowman'sche Kapsel stülpt sich wie ein Becher um den Glomerulus.
c) Die Glomeruli befinden sich im Nierenmark.
d) In den Nierenpyramiden liegen die Schleifenbahnen der Harnkanälchen und die Sammelrohre.
e) Das Nierenbecken hat spitz ausgezogene Nierenkelche.

9 Verbessern Sie die falsche Aussage.

______

______

10 Kennen Sie auch die verschiedenen Mengen?

Ergänzen Sie die Sätze durch folgende Zahlenangaben: 1 bis 2 Liter, 180 Liter, 1 800 Liter.

Pro Tag werden in den Nieren ______ Blut gefiltert. Daraus entstehen in den Glomeruli ______ Primärharn. Durch Rückresoption in den Harnkanälchen werden ______ Endharn gebildet.

11 Inzwischen ist Frau Rena Bürgermann in die Praxis gekommen. Jutta Koch gibt der Patientin ein Uringefäß und bittet sie um Mittelstrahlurin.

Welche Hinweise gibt Jutta Frau Bürgermann hierzu?

______

______

______

______

12 Karin Schmidt hat das Gespräch mitangehört. Nachdem die Patientin in der Toilette verschwunden ist, fragt sie ihre Kollegin: „Warum wolltest du Mittelstrahlurin? Gibt es noch andere „Urinarten"? Ergänzen Sie Juttas Erklärungen und die folgende Tabelle:

Durch diese Gewinnungstechnik ist der Mittelstrahlurin

....

....

....

	Der erste am Morgen ausgeschiedene Urin. Er ist am längsten in der Blase und deshalb am konzentriertesten.
	Urin, der während des Tages ausgeschieden wird. Seine Zusammensetzung ist abhängig von Nahrung, Flüssigkeitszufuhr und körperlicher Betätigung.
	Urin, der ohne besondere hygienische Maßnahmen spontan in ein Gefäß gelassen wird.
	Urin, der innerhalb von 24 Stunden ausgeschieden wird.

13 Nach einem kurzen Aufenthalt im Wartezimmer wird Frau Bürgermann in das Sprechzimmer von Herrn Herrn Dr. med. Hardinghaus gerufen. Stefan Schröder begleitet sie und legt dem Arzt die Ergebnisse der Urinuntersuchung vor. Bei der Anamnese klagt die Patientin über die typischen Beschwerden einer Harnblasenentzündung. Kreuzen Sie alle Symptome an, die für eine Harnblasenentzündung typisch sind.

a) Dysurie = Brennen und Schmerzen beim Wasserlassen ☐
b) blutiger Urin ☐
c) Pollakisurie = Drang zu häufigem Wasserlassen ☐
d) hohes Fieber ☐
e) Bakteriurie = Nachweis von Bakterien im Urin ☐
f) starke Schmerzen in der Nierengegend ☐
g) Leukozyturie = vermehrt Leukozyten im Urin ☐

14 Welche Aussage über Ihre Harnwegsinfektionen ist falsch?

a) Männer erkranken häufiger an Harnwegsinfektionen als Frauen. ☐
b) Unvollständige Blasenentleerung und Harnstau begünstigen die Infektion. ☐
c) Die Bakterien gelangen fast immer von außen in die Harnblase. ☐
d) Harnwegsinfektionen werden meist durch Darmbakterien verursacht. ☐
e) Unbehandelte Harnwegsinfektionen können in das Nierenbecken und die Niere aufsteigen. ☐

15 Verbessern Sie die falsche Aussage und begründen Sie Ihre Antwort.

....

....

....

....

16 Als Frau Bürgermann die Diagnose erfährt, ist sie sehr besorgt. Sie will wissen, ob die Bakterien auch ihre Niere schädigen können. Herr Dr. med. Hardinghaus zeigt seiner Patientin an einer Wandtafel die ableitenden Harnwege und erläutert ihre Aufgaben. Die Wandtafel auf der folgenden Seite ist nicht beschriftet. Bitte ergänzen Sie die Beschriftung.

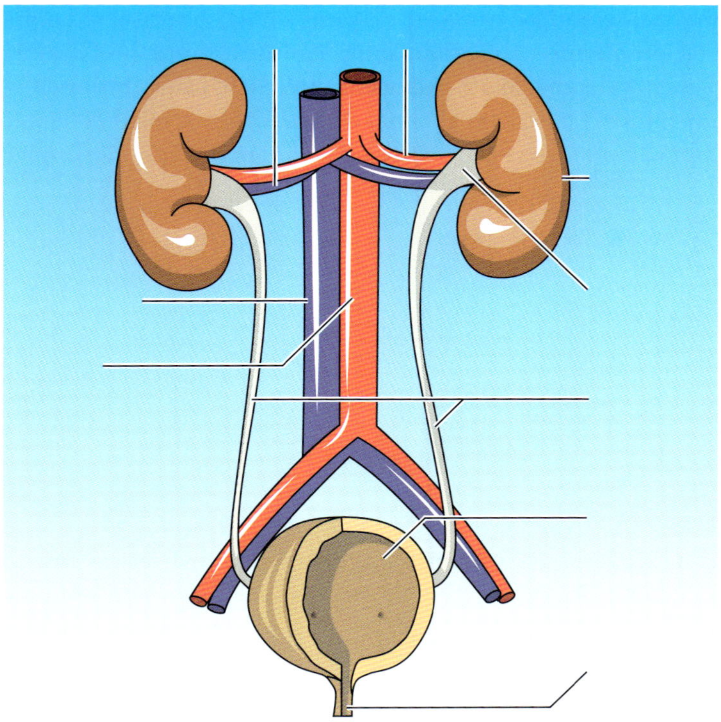

17 Ordnen Sie die unten stehenden Aussagen den einzelnen Abschnitten der ableitenden Harnwege zu. Abschnitte der ableitenden Harnwege sind:

a) Nierenbecken ☐ b) Harnleiter ☐ ☐ ☐ c) Harnblase ☐ ☐ ☐

d) Harnröhre ☐ ☐ ☐ ☐ ☐

Aussagen:

1) ist ein birnenförmiger Hohlmuskel
2) der Fachausdruck lautet „Ureter"
3) besteht aus sechs bis zehn Nierenkelchen
4) leitet den Urin vom Nierenbecken in die Harnblase
5) leitet den Urin aus der Blase nach außen ab
6) der Fachausdruck lautet Urethra
7) ist beim Mann länger als bei der Frau
8) 25 bis 30 cm langes Rohr
9) sammelt den Urin
10) zieht beim Mann durch die Prostata
11) mündet bei der Frau im Scheidenvorhof
12) der Fachausdruck lautet „Vesica urinaria"

18 Kreuzen Sie Zutreffendes an: Mit welchem Gewebe sind die ableitenden Harnwege innen ausgekleidet?

a) einschichtiges Plattenepithel ☐ c) straffes Bindegewebe ☐ e) Fettgewebe ☐
b) quer gestreifte Muskulatur ☐ d) Übergangsepithel ☐

19 Auf welchem Weg wird der Urin aus der Niere abgeleitet? Kreuzen Sie die richtige Aussage an.

a) Ureter – Pyelon – Vesica urinaria – Urethra ☐
b) Pyelon – Vesica urinaria – Ureter – Urethra ☐
c) Pyelon – Ureter – Vesica urinaria – Urethra ☐
d) Pyelon – Urethra – Vesica urinaria – Ureter ☐
e) Urethra – Vesica urinaria – Pyelon – Ureter ☐

20 Herr Dr. Hardinghaus fährt mit seiner Erklärung fort: „Wenn wir die Zystitis nicht mit Antibiotika bekämpfen, bekommen Sie ein Rezidiv. Außerdem kann die Infektion in das Nierenbecken und die Niere aufsteigen und es entsteht eine akute Pyelonephritis. Diese kann chronisch werden und zu einer Niereninsuffizienz führen." In seinem Eifer hat Dr. Hardinghaus nicht berücksichtigt, dass seine Patientin die Fachsprache nicht versteht. Bitte erklären Sie für Frau Bürgermann die folgenden Fachbegriffe.

Zystitis ....

Pyelonephritis ....

Niereninsuffizienz ....

Akute Erkrankung ....

Chronische Erkrankung ....

Rezidiv ....

Antibiotika ....

21 Erst letzte Woche hat Frau Bürgermann in einer Apothekenzeitschrift etwas über die lebenswichtigen Aufgaben der Nieren gelesen. Sie versucht sich daran zu erinnern. Nennen Sie sämtliche Aufgaben der Nieren.

22 Zur Abklärung der immer wieder auftretenden Harnwegsinfektionen sind bei Frau Bürgermann schon verschiedene Untersuchungen durchgeführt worden. Nennen Sie Untersuchungen, die sich zur Diagnostik von Erkrankungen des Harnsystems eignen.

23 Die bisherigen Untersuchungsergebnisse haben noch keine Klarheit darüber gebracht, warum bei der Patientin immer wieder Harnblasenentzündungen auftreten. Dr. Hardinghaus schlägt jetzt vor, eine Blasenspiegelung durchzuführen. Wie heißt der Fachbegriff für diese Untersuchung?

24 Ergänzen Sie bitte die Erklärung des Arztes, indem Sie die Worte an der richtigen Stelle in den Text einfügen.

- ***Instrumente*** • ***Lichtleitung*** • ***Biopsie*** • ***Harnröhre*** • ***stillen*** • ***Arbeitskanal***

Durch die .... wird das Zystoskop in die Harnblase geschoben. Im Inneren des Zystoskops befindet sich eine .... zum Beleuchten der Harnblase und ein ...., über den Spülflüssigkeit und .... in die Harnblase gelangen. Durch diesen Arbeitskanal lassen sich auch kleine Gewebeproben entnehmen (= ....) oder Blutungen ....

25 Frau Bürgermann weiß aus einer Fernsehsendung, dass die Endoskopie eine wichtige Untersuchungsmethode ist und dass es verschiedene Arten von Endoskopieverfahren gibt. Erklären Sie die Fachbegriffe für die endoskopischen Untersuchungen.

Hysteroskopie ....

Kolposkopie ....

Laparoskopie ....

26 Frau Bürgermann ist mit der Durchführung einer Urethroskopie und einer Zystoskopie einverstanden. Während Herr Dr. Hardinghaus noch ein Rezept für sie ausfüllt, fällt ihr Blick auf ein Bild an der Wand. Sie erkennt, dass darauf Erkrankungen der ableitenden Harnwege dargestellt sind, kann aber leider die Schrift nicht lesen. Helfen Sie ihr, indem Sie die folgende Abbildung beschriften.

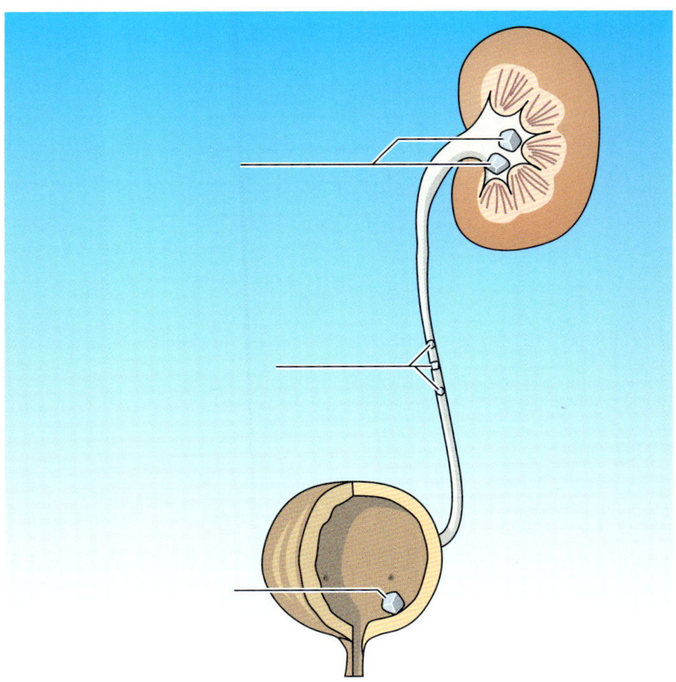

27 Nennen Sie zwei Symptome, die bei diesen Erkrankungen auftreten können.

....

....

....

28 Auf dem Heimweg erzählt Jutta Lisa, dass sie von Ingrid und Monika heute über die Niere ausgefragt worden ist. Jutta und Lisa beschließen, noch heute Abend für ihre Kolleginnen ein Rätsel

zu entwerfen. „Wir wollen doch einmal sehen, ob sie wirklich alles wissen." Können Sie das Rätsel lösen? Das Lösungswort ist der Fachbegriff für das Nierensteinleiden.

Fragen:

1. Fachwort für „Entzündung von Niere und Nierenbecken"
2. Nierenversagen, Vergiftung des Körpers mit harnpflichtigen Substanzen
3. Funktionseinheit der Niere
4. Nierenhormon, das die Bildung von Erythrozyten im Knochenmark anregt
5. Nierenhormon, das den Natrium- und Wassergehalt im Blut regelt, die Gefäße verengt und dadurch den Blutdruck steigert
6. Fachwort für „Harnblasenentleerung"
7. Ersatz der Nierenfunktion durch eine „künstliche Niere"
8. Unfähigkeit, den Urin kontrolliert zurückzuhalten
9. Fachwort für „Harnblasenentzündung"
10. Ausscheidung von Erythrozyten im Urin
11. Ungenügende Leistung der Niere
12. Hypophysenhormon, das die Harnmenge vermindert
13. Fachwort für „Brennen und Schmerzen beim Wasserlassen"
14. Ausscheidung von Bakterien im Urin
15. Fachwort für „Drang zu häufigem Wasserlassen"

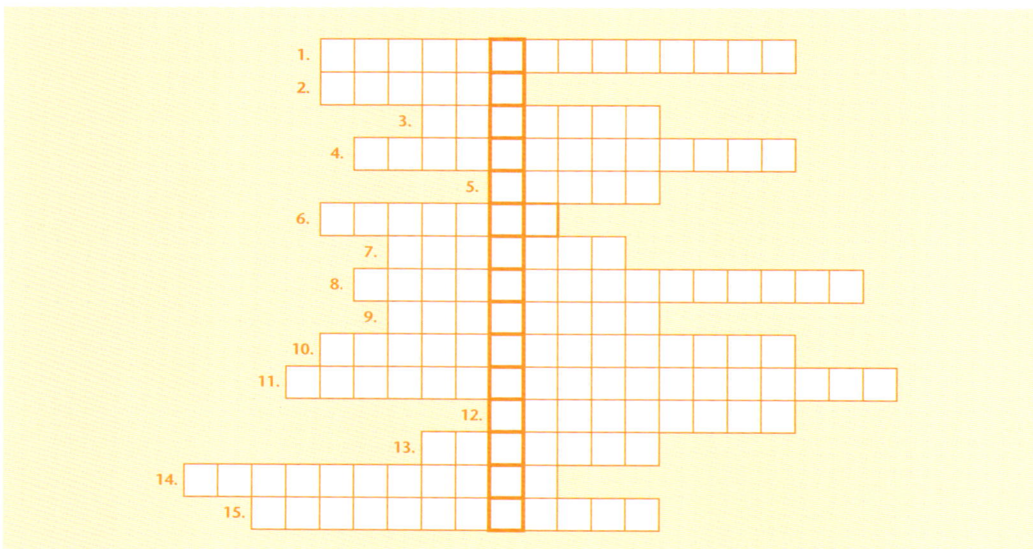

Lösungswort: ....

2 Diagnostische und therapeutische Maßnahmen bei Erkrankungen des Urogenitalbereichs

Situation:

Nach der Sprechstunde begleitet Stefan Schröder Herrn Dr. Hardinghaus bei einem Besuch in das benachbarte Seniorenheim. Der 86-jährige Patient Theodor von Staudach liegt dort auf der Pflegestation und ist mit einem Dauerblasenkatheter versorgt. Dieser Blasenkatheter muss heute gewechselt werden.

1 Welche Gründe gibt es für die Katheterisierung der Harnblase?

....

....

2 Welche Ursachen kommen bei Herrn von Staudach für das Legen eines Dauerkatheters in Frage?

3 Welche Gegenstände hat Stefan für das Legen des Blasenkatheters eingepackt?

4 Warum muss beim Legen eines Blasenkatheters auf Sterilität geachtet werden?

5 Bei den Patientinnen in der Praxis wird die Katheterisierung der Harnblase von Frau Kemper durchgeführt. Jana oder Lisa assistieren ihr. Ergänzen Sie bitte den Lückentext, der diesen Vorgang beschreibt.

Die Patientin liegt .... Mit der linken Hand spreizt man die .... Die Harnröhrenöffnung liegt unterhalb der .... Sie wird von oben nach unten mit .... abgetupft. Der sterile Katheter wird mit der Spitze nach oben in die .... eingeführt und vorsichtig vorgeschoben, bis ....

6 Wie kann die Harnblase entleert werden, wenn wegen einer Harnröhrenverengung das Legen eines Katheters nicht möglich ist?

3 Die männlichen Geschlechtsorgane – Anatomie und Physiologie

Situation:

Bevor der erste Patient kommt, bereiten Stefan Schröder und Karin Schmidt das Sprechzimmer von Dr. Hardinghaus vor. Heute wird Herr Hans-Peter Prost, ein 75-jähriger Patient, für die Krebsfrüherkennungsuntersuchung erwartet.

1 Welche Gegenstände legt Stefan für die rektale Untersuchung zurecht?

2 Welche beiden Organe werden bei Männern bei dieser Untersuchung abgetastet?

3 Während Karin aufräumt, fällt ihr ein, dass sie übermorgen in der Berufsschule einen Test über das Thema „Männliche Geschlechtsorgane" schreiben wird. Auf dem Schreibtisch liegen zwei Abbildungen, die Dr. Hardinghaus den Patienten zeigt, um seine Erklärungen zu verdeutlichen. Bitte beschriften Sie für Karin die beiden folgenden Abbildungen.

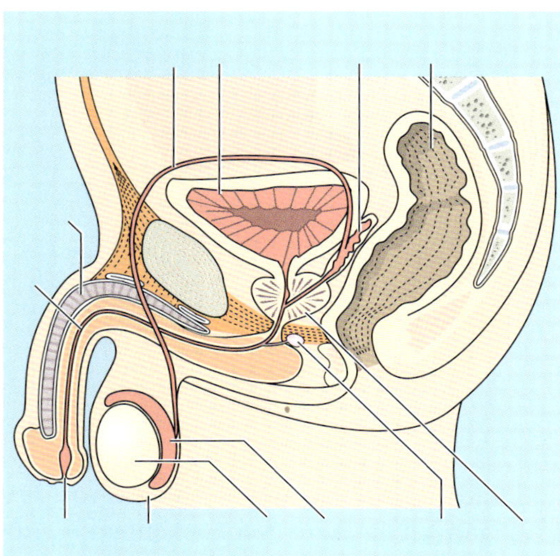

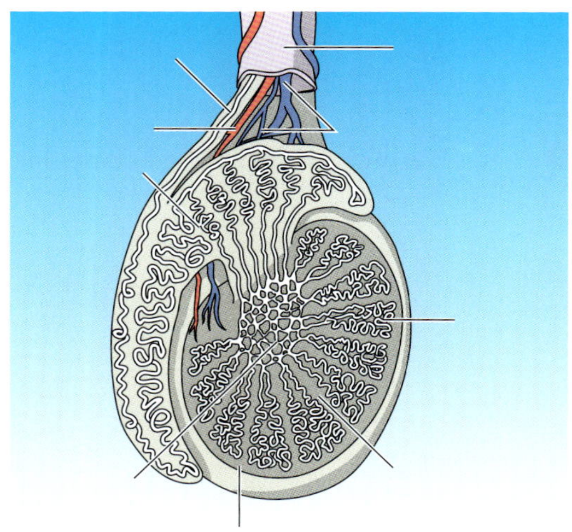

4 Karin überlegt weiter, welche Aufgaben und Eigenschaften die dargestellten Organe haben. Ordnen Sie bitte den Organen alle Aussagen zu, die auf sie zutreffen.

Organe:

a) Hoden ☐ ☐ ☐ ☐ ☐ ☐ c) Nebenhoden ☐ ☐ e) Samenleiter ☐ ☐ ☐

b) Prostata ☐ ☐ d) Penis ☐ ☐ ☐

Aussagen:

1) Wird von den Hypophysenhormonen FSH und LH gesteuert
2) Bildet zusammen mit Blutgefäßen und Nerven den Samenstrang
3) Das Fachwort heißt „Testis"
4) Umschließt die Harnröhre
5) Enthält die Harnsamenröhre
6) Liegt außerhalb der Bauchhöhle im Skrotum (Hodensack)

7) Transportiert die Spermien zum Gebärmuttereingang
8) Gibt alkalisches Sekret zur Samenflüssigkeit
9) Enthält die Keimzellen, aus denen die Spermien heranreifen
10) Zieht durch den Leistenkanal
11) Bildet in den Leydig'schen Zwischenzellen das männliche Geschlechtshormon Testosteron
12) Enthält drei Schwellkörper
13) Verbindet den Nebenhoden mit der Harnsamenröhre
14) Enthält die Samenkanälchen
15) Enthält ein Gangsystem, in dem die Spermien ausreifen

5 Als Stefan Lisas Anstrengungen bemerkt, holt er eine weitere Abbildung aus der Schublade. „Weißt du, was das ist? Gib dem Bild eine Überschrift und schreibe doch bitte noch die Aufgaben neben die Bestandteile."

Aufgaben:

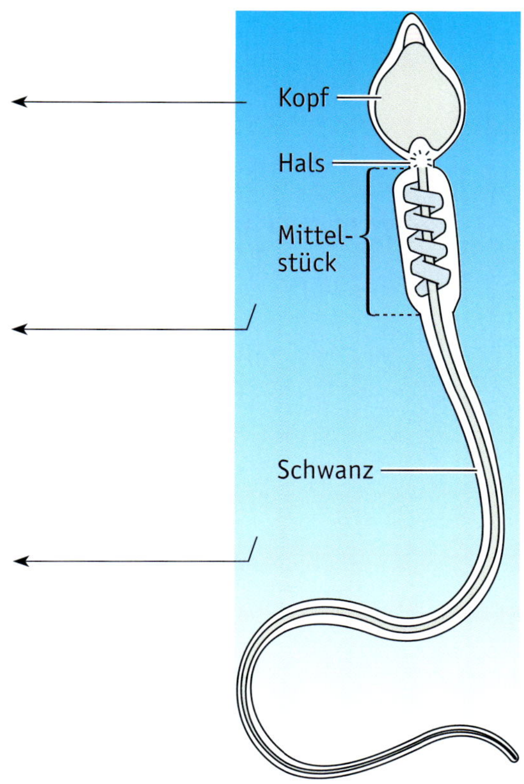

4 Die männlichen Geschlechtsorgane – Erkrankungen

Situation:

Herr Dr. Hardinghaus betritt sein Sprechzimmer. Kurze Zeit später wird Herr Prost von Jutta hereingebracht. Der 75-jährige Patient läuft nach einem Schlaganfall etwas unsicher. Jutta bleibt während der Untersuchung im Sprechzimmer, um Herrn Prost behilflich zu sein.

1 Jutta weiß aufgrund ihrer Berufserfahrung, dass bei älteren Menschen die Motorik und die Funktion der Sinnesorgane häufig eingeschränkt sind und diese Patienten deshalb eine besondere Betreuung benötigen. Sicher werden auch in Ihrer Ausbildungspraxis ältere Patienten betreut. Notieren Sie bitte, wie Sie auf die folgenden Beeinträchtigungen angemessen reagieren.

Patienten mit Gehbehinderung:

Patienten mit Sehbehinderung:

Patienten mit Hörbehinderung:

Ängstliche Patienten:

Demente Patienten:

2 Bei der Anamnese gibt Herr Prost Symptome an, die zu einer gutartigen Vergrößerung der Prostata, einem Prostataadenom, passen. Drei der folgenden Symptome weisen auf diese Diagnose hin. Kreuzen Sie diese an.

- a) blutiger Urin ☐
- b) dünner, schwacher Harnstrahl ☐
- c) kolikartige Schmerzen in der Nierengegend ☐
- d) starkes Durstgefühl und große Urinmengen ☐
- e) ständiger Harndrang und häufiges Wasserlassen ☐
- f) Gewichtsverlust ☐
- g) Blase kann nicht vollständig entleert werden ☐
- h) Glukosenachweis im Urin ☐

3 Wie wird Herr Prost für die rektale Untersuchung gelagert?

4 Herr Dr. Hardinghaus untersucht seinen Patienten. Bei der rektalen Untersuchung ertastet er eine vergrößerte Prostata. Die Ultraschalluntersuchung ergibt keinen Hinweis auf einen bösartigen Tumor, und der Urinbefund ist unauffällig. Herr Dr. Hardinghaus bespricht mit seinem Patienten das Untersuchungsergebnis und gibt ihm eine Überweisung zum Facharzt für Urologie. Dieser soll entscheiden, ob die Prostata durch eine Operation entfernt werden muss. Nachdem Herr Prost das Sprechzimmer verlassen hat, stellt der Arzt Jutta noch eine Frage. „Eine meiner Aussagen ist falsch. Wissen Sie, welche?“

- a) Das Prostatakarzinom ist ein bösartiger Tumor.
- b) Das Prostatakarzinom tritt vor allem bei älteren Männern auf.
- c) Das Prostatakarzinom ist ein seltener Tumor.
- d) Die Prostata kann durch das Rektum mit dem Finger abgetastet werden.
- e) Durch die Krebsfrüherkennungsuntersuchung kann ein Prostatakarzinom frühzeitig entdeckt werden.

Verbessern Sie bitte die falsche Aussage.

5 Jutta freut sich, weil sie die Frage richtig beantwortet hat. Aber sie hat noch nicht genau verstanden, wodurch sich gutartige und bösartige Tumoren unterscheiden. Sie bittet den Arzt um eine Erklärung. Dr. Hardinghaus nimmt ein Blatt Papier und teilt es in zwei Spalten. Er beginnt, in die linke Spalte alle Eigenschaften eines gutartigen Tumors und in die rechte Spalte die eines bösartigen Tumors zu schreiben. Plötzlich wird Dr. Hardinghaus zu einem Notfall gerufen.

Helfen Sie Jutta, die folgende Tabelle zu vervollständigen. Verwenden Sie dafür die folgende Abbildung und achten Sie darauf, dass die zusammengehörenden Aussagen immer einander gegenüberstehen.

Gutartiger = benigner Tumor	Bösartiger = maligner Tumor
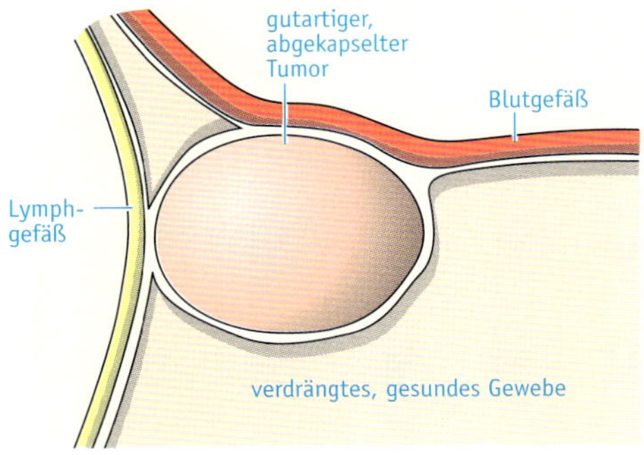	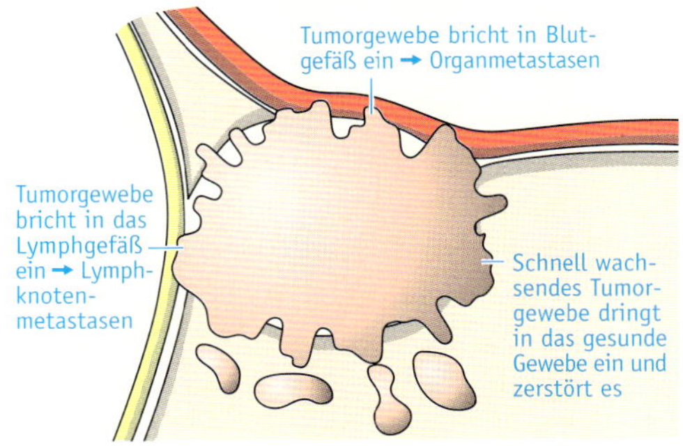
Aussehen:	Aussehen:
Ausdehnung:	Ausdehnung:
Wachstumsverhalten:	Wachstumsverhalten:
Ausbreitung im Körper:	Ausbreitung im Körper:
Verlauf:	Verlauf:

6 Stefan kommt herein und beschließt, Juttas eifrige Bemühungen zu unterstützen. „Ich nenne dir jetzt die Fachbegriffe für verschiedene Tumoren, und du entscheidest, ob sie gutartig oder bösartig sind und von welchem Gewebe sie ausgehen." Jutta ist einverstanden.

Tumor	Gewebe	gutartig = benige	bösartig = maligne
Lipom			
Karzinom			
Myom			
Fibrosarkom			
Chondrom			
Adenom			
Adenokarzinom			
Osteosarkom			
Neurosarkom			
Hämangiom			

7 Stefan hat fünf Aussagen über die Tumortherapie aufgeschrieben. Nun soll Jutta die falsche Aussage suchen und korrigieren.

a) Die Heilung eines bösartigen Tumors ist möglich, wenn durch eine Operation alle Tumorzellen entfernt werden können.
b) Energiereiche, ionisierende Strahlen können Tumorgewebe zerstören.
c) Zytostatika regen die Zellteilung der Tumorzellen an.
d) Einige Tumoren der Geschlechtsorgane lassen sich durch Hormontherapie beeinflussen.
e) Die Immuntherapie stärkt das Immunsystem für den Kampf gegen die Krebszellen.

Richtig: ....

....

8 Zum Schluss fragt Stefan nach mindestens drei Warnsignalen, die auf einen bösartigen Tumor hinweisen könnten. Was fällt Ihnen zu diesem Thema ein?

....

....

....

Jutta konnte die meisten Fragen richtig beantworten. Ihrem Test kann sie nun beruhigt entgegensehen.

5a) Die weiblichen Geschlechtsorgane – Anatomie und Physiologie

Situation:

Heute Abend hat Ingrid Kemper ihre Freundin Marie-Louise Utermann zu sich nach Hause eingeladen. Während des Gesprächs kommen sie auf das Thema „Praxis". Frau Utermann erzählt „Nächste Woche habe ich einen Termin bei Herrn Dr. Mechelhoff. Ich komme wegen der gynäkologischen Untersuchung für die Krebsfrüherkennung. Du als Medizinische Fachangestellte kennst dich ja bestens damit aus. Aber ich weiß nicht so genau über die Organe in meiner unteren Bauchhälfte und über meine Brust Bescheid."

1 Ingrid geht zum Schrank und holt ihr medizinisches Fachbuch. Nach kurzer Suche zeigt sie ihrer Freundin Abbildungen der weiblichen Geschlechtsorgane und erklärt deren Aufgaben. Unterstützen Sie Ingrid und beschriften Sie die folgenden Abbildungen.

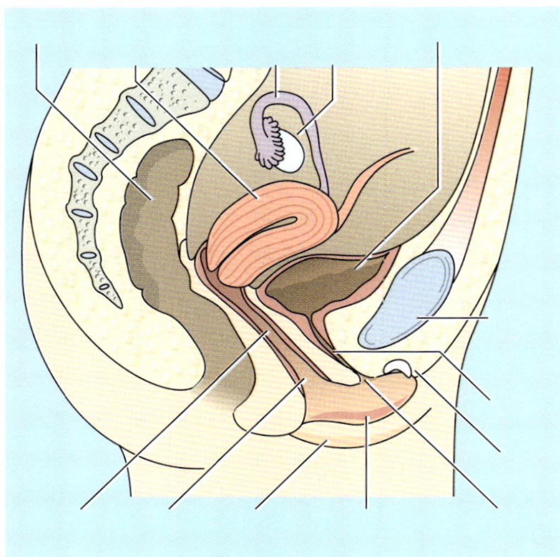

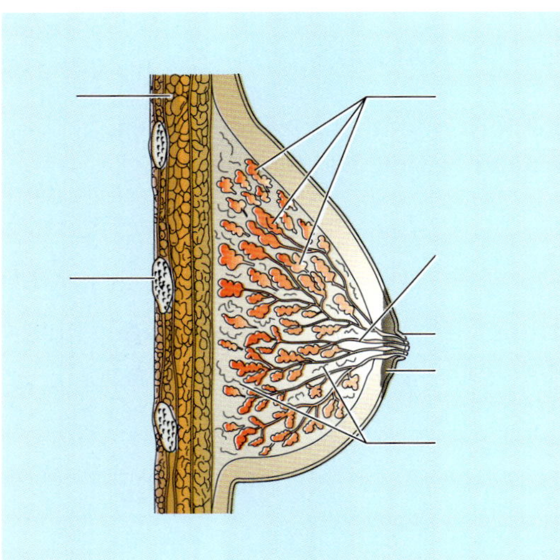

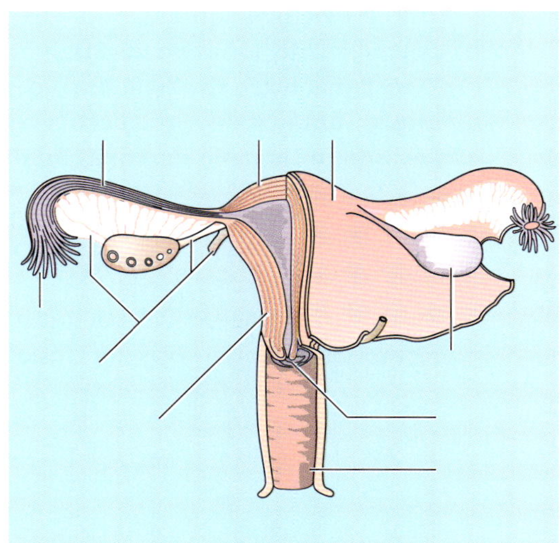

2 Ergänzen Sie bei dem folgenden Gespräch bitte die fehlenden Worte in Ingrids Erklärung und beantworten Sie Frau Utermanns Fragen.

Ingrid Kemper: „Die beiden Eierstöcke = ………… liegen rechts und links von der ………… = Uterus. Sie sind ungefähr so groß wie eine ………… und durch ………… an den Seitenwänden des kleinen Beckens aufgehängt.“

3 Frau Uterman fragt: „Welche Aufgaben haben die Eierstöcke?“

a) …………

b) …………

c) …………

4 Ingrid Kemper: „Die beiden Eileiter = ………… ziehen von der ………… zu den Eierstöcken. Innen ist der Eileiter mit ………… ausgekleidet. Der trichterförmige Anfangsteil des Eileiters stülpt sich über den ………… und kann so die Eizelle, die aus dem aufgeplatzten ………… springt, auffangen. Der Eileiter transportiert die sich teilende, befruchtete Eizelle zur ………….“

5 Frau Uterman fragt: „Wo wird die Eizelle befruchtet?“

…………

6 Ingrid Kemper: „Die Gebärmutter liegt zwischen ………… und …………. Sie ist ein birnenförmiger …………. Die Gebärmutterhöhle ist innen mit der Gebärmutterschleimhaut = ………… ausgekleidet. Diese wird durch ………… stark aufgebaut, damit sich der Embryo dort einnisten kann. Der Gebärmutterhals = ………… ragt in die ………… hinein. Die Öffnung des Gebärmutterhalskanals ist der Muttermund = …………."

7 Frau Uterman fragt: „Wo werden die Abstriche für die Krebsfrüherkennunguntersuchung entnommen?“

…………

…………

8 Ingrid Kemper: Die Scheide = ………… ist ein elastischer Schlauch aus Muskelgewebe, der mit verhorntem ………… ausgekleidet ist. ………… bildende Bakterien sorgen in der Scheide für einen ………… pH-Wert, der vor ………… schützt. Zu den äußeren Geschlechtsorganen = ………… gehören die großen und kleinen …………, der ………… und die ………….

9 Die weibliche Brust = ………… liegt auf dem …………. Die Brustdrüse besteht aus 15 bis 20 …………, deren Ausführungsgänge in der ………… münden.

10 Frau Utermann hat noch weitere Fragen: „Warum haben einige Frauen große und andere kleine Brüste?“

11 „Ich habe gelesen, dass an der Brustdrüse Hormone wirken. Welche Hormone sind das und wie wirken sie?“

Hormon	Wirkung

5b) Die weiblichen Geschlechtsorgane – Menstruation – Krebsfrüherkennung – Familienplanung

Situation:

Zum vereinbarten Termin kommt Frau Utermann in die Praxis und wird nach einer kurzen Wartezeit von Lisa zum Sprechzimmer von Herrn Dr. Mechelhoff gebracht.

1 Welche Gegenstände hat Lisa für die gynäkologische Untersuchung auf den Instrumententisch gelegt? Bitte beschriften Sie die Abbildung.

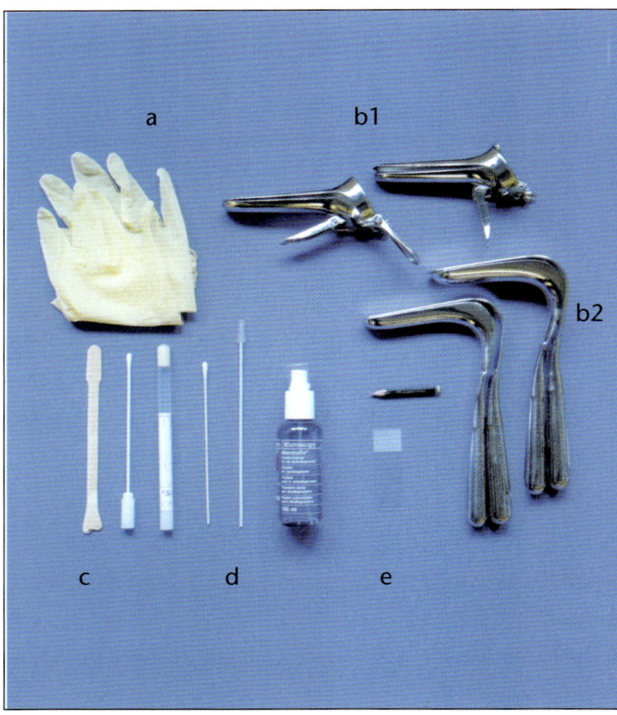

a)

b)

c)

d)

e)

2 Marie-Louise Utermann ist 33 Jahre alt und hat einen 7-jährigen Sohn. Seit mehreren Jahren nimmt sie die „Pille". Beschwerden hat sie keine. Nach dem Anamnesegespräch bittet Herr Dr.

Mechelhoff seine Patientin, sich auszukleiden. Dann ruft er nach Lisa, die ihm bei der gynäkologischen Untersuchung assistieren soll: Die inneren Geschlechtsorgane werden durch die Bauchdecke abgetastet, die äußeren Geschlechtsorgane, die Scheide und der Muttermund betrachtet und die Abstriche für die Untersuchung der Zellen und des Scheidensekrets entnommen. Während Lisa die Instrumente anreicht, denkt sie darüber nach, welche Erkrankungen der weiblichen Geschlechtsorgane auftreten können. Erläutern Sie bitte die folgenden Fachausdrücke für diese Erkrankungen.

Kolpitis: ....

Endometritis: ....

Adnexitis: ....

Ovarialkarzinom: ....

Uterusmyom: ....

Zervixkarzinom: ....

Endometriumkarzinom: ....

Mammakarzinom: ....

Endometriose: ....

....

3 Nennen Sie Beispiele für Infektionserkrankungen, die durch Sexualkontakte übertragen werden können.

....

....

....

4 Zuletzt untersucht Herr Dr. Mechelhoff noch sorgfältig die Brust seiner Patientin. Frau Utermann untersucht ihre Brust regelmäßig selbst und kennt die Hinweissymptome auf Brustkrebs. Sie auch? Nennen Sie bitte mindestens drei.

....

....

....

....

....

5 Wie heißt das Fachwort für die Röntgenuntersuchung der Brust?

....

....

6 Während Herr Dr. Mechelhoff das Formular für die Krebsfrüherkennungsuntersuchung ausfüllt, misst Lisa bei Frau Utermann noch den Blutdruck. Die Untersuchungsbefunde sind bisher alle unauffällig. Lisa bereitet die Zellabstriche für den Versand in das zytologische Labor vor. In drei Tagen soll Frau Utermann wegen des Untersuchungsergebnisses in der Praxis anrufen. Bevor Frau Utermann die Praxis verlässt, sieht sie an der Rezeption noch den Ständer mit Patienteninformationen. Sie entnimmt ihm Informationsblätter über die Themen „Menstruationszyklus“ und „Empfängnisregelung“.

Aus dem Informationstext über den Menstruationszyklus wurden die folgenden Wörter entfernt. Bitte setzen Sie diese wieder an der richtigen Stelle ein. Die folgende Abbildung soll Ihnen helfen, den Text besser zu verstehen.

• Östrogene • Ovar • Progesteron • 28 • Gelbkörper • Eibläschen • Eierstock • FSH • LH • Eizelle • Endometrium • Eisprung • Gebärmutterschleimhaut • Proliferationsphase • Sekretionsphase • Menstruation • sinken • Ovulation • Einnistung • Eireifung • Follikel.

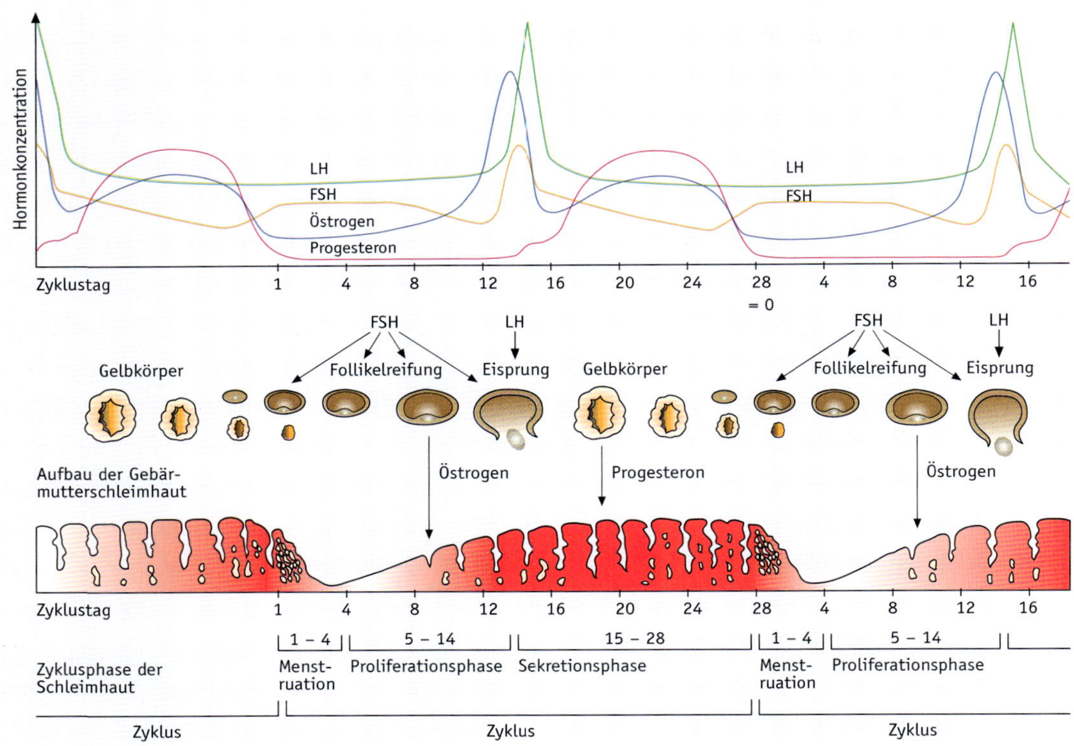

Der Menstruationszyklus dauert durchschnittlich .... Tage. Unter dem Einfluss des Hypophysenhormons .... reift im .... = ... eine befruchtungsfähige .... heran. Die Eireifung geschieht im .... = ... Die Wandzellen des Follikels produzieren .... Diese Hormone bauen die .... = ... auf. Diese Zyklusphase heißt .... In der Zyklusmitte produziert die Hypophyse große Mengen von .... Dadurch wird die .... = ... ausgelöst. Der leere Follikel wandelt sich in den .... um. Dieser bildet jetzt zusätzlich das Hormon .... Das Hormon bewirkt, dass die Gebärmutterschleimhaut ausreift und auf die .... einer befruchteten Eizelle vorbereitet ist. Diese zweite Zyklushälfte heißt .... Wenn keine Befruchtung stattfindet, ... die Hormonspiegel. Die aufgebaute Funktionsschicht der Gebärmutterschleimhaut löst sich ab und wird bei der .... ausgestoßen. Gleichzeitig beginnt im Eierstock wieder eine ....

7 Interessiert liest Frau Utermann zu Hause auch das zweite Informationsblatt über die Empfängnisregelung. Beurteilen Sie bitte die zehn Aussagen zu diesem Thema. Zwei Aussagen sind leider falsch. Finden Sie diese heraus und formulieren Sie die Aussagen so um, dass sie richtig sind.

a) Das Kondom wirkt wie eine Barriere und hindert die Spermien am Eindringen in die Gebärmutter.
b) Die Spirale liegt in der Gebärmutterhöhle.
c) Die Spirale verhindert den vollständigen Aufbau der Gebärmutterschleimhaut und die Einnistung des befruchteten Eis.
d) Die „Pille“ schützt vor sexuell übertragbaren Krankheiten.
e) Die „Pille“ enthält die Hormone Östrogen und Progesteron.
f) Die Hormone der „Pille“ täuschen die Hypophyse und verhindern die vollständige Follikelreifung.
g) Durch die frühzeitige Einnahme der „Pille danach“ kann eine Schwangerschaft verhindert werden.
h) Bei der Sterilisation der Frau wird die Gebärmutter entfernt.
i) Bei der Sterilisation des Mannes werden die Samenleiter durchtrennt.
j) Zu den natürlichen Verhütungsmethoden gehören die Messung der Basaltemperatur und die Beurteilung des Zervixschleims.

8 Die hormonelle Verhütung erfolgt meist durch die Einnahme der „Pille“. Welche anderen Möglichkeiten gibt es noch, um durch regelmäßige Hormonzufuhr eine Schwangerschaft zu verhüten?

6 Schwangerschaft und Geburt

Situation:

Als nächste Patientin kommt Anna-Katharina Gravenberger in die Praxis. Sie ist 27 Jahre alt und erwartet ihr erstes Kind. Heute hat sie einen Termin für die Mutterschaftsvorsorgeuntersuchung in der 30. Schwangerschaftswoche.

1 Die Medizinische Fachangestellte Monika Düvel begrüßt die Patientin und bittet sie um das Heft, in das die Ergebnisse der Mutterschaftsvorsorgeuntersuchungen eingetragen werden. Wie heißt dieses Dokument?

1 Anschließend schickt sie Frau Gravenberger zu ihrer Kollegin Ingrid Kemper ins Labor. Ingrid misst bei der Patientin den Hämoglobinwert, den Blutdruck und das Gewicht und untersucht die Urinprobe. Während Jana das Untersuchungszimmer von Herrn Dr. Mechelhoff für die neue Patientin vorbereitet, stellt sie dem Arzt noch einige Fragen. „Es gibt doch viele Symptome, die auf eine Schwangerschaft hinweisen. Wie kann eine Frau ganz sicher wissen, ob sie schwanger ist?“ Herr Dr. Mechelhoff antwortet: „Es gibt sichere und unsichere Schwangerschaftzeichen.“ Kreuzen Sie bitte jedes Zeichen an, das sicher auf eine Schwangerschaft hinweist.

a) morgendliche Übelkeit und Erbrechen
b) Gewichtszunahme
c) Nachweis von HCG im Urin (positiver Schwangerschaftstest)
d) Vergrößerung der Brust
e) Embryo oder Fetus ist bei der Ultraschalluntersuchung in der Gebärmutterhöhle zu sehen
f) Stimmungsschwankungen
g) Müdigkeit
h) Spüren von Kindsbewegungen

3 Janas zweite Frage lautet: „Wie kann ich den Geburtstermin ausrechnen?" Herr Dr. Mechelhoff: „Dafür gibt es eine Formel. Ich frage meine Patientin nach dem ersten Tag der letzten Menstruation, weil da bereits die Reifung der Eizelle beginnt. Zu diesem Datum addiere ich sieben Tage, ziehe drei Monate ab und rechne zuletzt ein Jahr dazu." Ergänzen Sie bitte für Lisa die fehlenden Zahlen.

Die Schwangerschaft dauert .... Tage = ... Schwangerschaftswochen (SSW) = ... Schwangerschaftsmonate.

4 Berechnen Sie bitte den voraussichtlichen Geburtstermin, wenn der erste Tag der letzten Menstruation das heutige Datum ist.

....

....

5 Zuletzt fragt Jana noch, warum das ungeborene Kind manchmal Embryo und manchmal Fetus genannt wird. Antworten Sie bitte für Herrn Dr. Mechelhoff.

Embryo = ...

....

Fetus = ...

....

6 Jana holt Frau Gravenberger aus dem Labor ins Untersuchungszimmer. Das Anamnesegespräch zeigt keine Hinweise auf eine Störung der Schwangerschaft. Herr Dr. Mechelhoff tastet den Bauch von Frau Gravenberger ab und schließt die gynäkologische Untersuchung an. Inzwischen ist Ingrid Kemper hereingekommen, um das Ultraschallgerät vorzubereiten. Während sie die Daten der Patientin eintippt, fragt Jana neugierig: „Weißt du, wie dieses Gerät funktioniert und wie so ein Bild entsteht?" Ergänzen Sie bitte Ingrids Erklärungen.

„Für die Ultraschalluntersuchung = ... werden .... mit unterschiedlichen Frequenzen .... des hörbaren Bereichs verwendet."

7 Der Schallkopf hat zwei Aufgaben:

a) .... b) ....

8 Zum Ultraschallgerät gehören außer den Schallköpfen der Rechner, der Monitor und eine Kamera. Nennen Sie auch diese Aufgaben dieser Geräteteile:

Rechner: ....

....

....

Monitor: ....

....

....

Kamera: ....

....

9 Warum dürfen Ultraschalluntersuchungen auch bei schwangeren Frauen durchgeführt werden?

....

....

10 Bevor Herr Dr. Mechelhoff mit der Ultraschalluntersuchung beginnt, streicht Frau Kemper auf den Bauch der Patientin das Kontaktgel. Welche Aufgabe hat das Kontaktgel?

11 Wenn Herr Dr. Mechelhoff den Schallkopf über den Bauch von Frau Gravenberger hin und her bewegt, kann er die Bauchorgane oder das Kind von verschiedenen Seiten betrachten. Nennen Sie Beispiele für Organe, die mit Ultraschallwellen untersucht werden können.

12 Warum darf nur der Arzt persönlich die Ultraschalluntersuchung durchführen?

13 Mit welchem Ultraschallverfahren kann Herr Dr. Mechelhoff bei dieser Untersuchung und später während der Geburt die Herztöne des Kindes kontrollieren?

14 Bei der Ultraschalluntersuchung stellt der Arzt fest, dass das ungeborene Kind sich normal entwickelt hat, keine Fehlbildungen aufweist und voraussichtlich ein Mädchen ist. Er zeigt seiner Patientin auch die Fruchtblase, das Fruchtwasser, die Nabelschnur und die Plazenta.
Erklären Sie bitte die Aufgaben dieser Organe:

Fruchtblase:

Fruchtwasser:

Nabelschnur:

Plazenta:

15 Kennzeichnen und beschriften Sie bitte auf der Abbildung:

① Nabelschnur

② Fruchtwasser

③ Fruchtblase

④ Plazenta

⑤ Gebärmutterwand

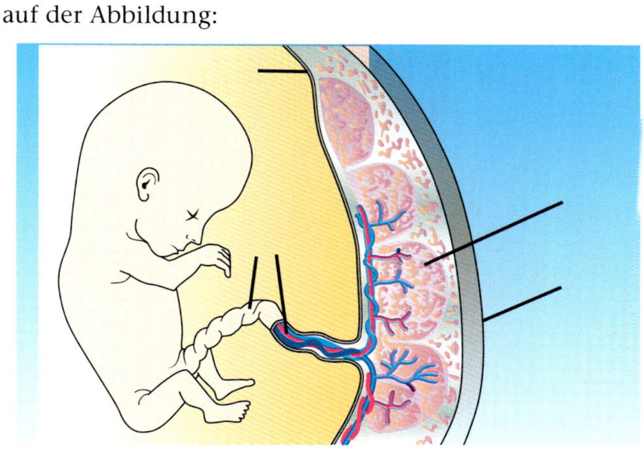

16 Bei der Ultraschalluntersuchung können Fehlbildungen entdeckt werden. Diese können durch Fehler in den Erbanlagen bedingt sein. Es gibt aber auch äußere Einflüsse, die im Verlauf der Schwangerschaft zu Fehlbildungen führen können. Nennen Sie Beispiele dafür:

17 Durch welche Untersuchung hätte ein Chromosomenfehler bei Frau Gravenbergers Tochter ab der 14. Schwangerschaftswoche erkannt werden können?

18 Frau Gravenberger freut sich, dass die Untersuchungsbefunde alle unauffällig sind und dass es ihrem Kind, vermutlich einer Tochter, gut geht. Aber vor der Geburt, so gesteht sie, habe sie doch ein bisschen Angst. Herr Dr. Mechelhoff versteht diese Ängste und erklärt deshalb seiner Patientin den Ablauf der Geburt. Dazu verwendet er die folgende Bilder. Bitte schreiben Sie neben die Bilder a) bis c), wie die jeweiligen Geburtsphasen heißen und was geschieht.

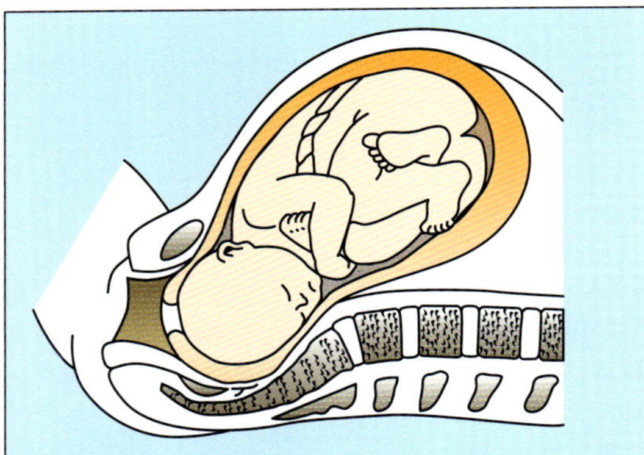	a)
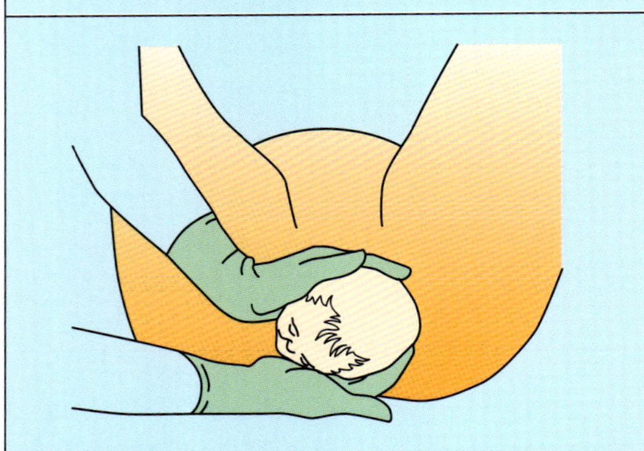	b)
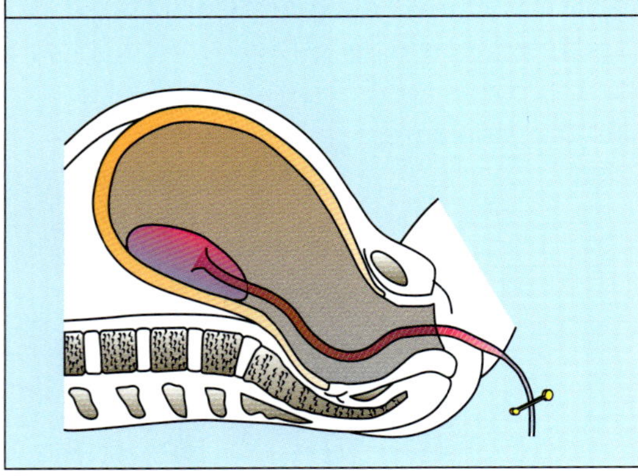	c)

19 Lisa und Ingrid Kemper verlassen das Sprechzimmer. Lisa hat noch einige Fragen an ihre Kollegin. Wie würden Sie an Ingrids Stelle antworten?

a) Welches Hormon löst die Geburtswehen aus? ......

b) Mit welchem Gerät (Fachwort) werden während der Geburt die Wehen und die Herztöne des Kindes aufgezeichnet? ......

20 Welche Aussage über das Wochenbett ist falsch?

a) An der Stelle, an der die Plazenta mit der Gebärmutterwand verbunden war, entsteht eine großflächige Wunde.

b) Der Wochenfluss besteht aus Wundsekret und Blut.

c) In der ersten Woche nach der Geburt bildet sich die Gebärmutter fast bis zur Ursprungsgröße zurück.

d) Stillen verhindert die Rückbildung der Gebärmutter, weil das Hormon Oxytocin die Muskulatur der Gebärmutter lähmt.

e) Durch die Gebärmutterwunde können Krankheitserreger in das Blut der Mutter gelangen und eine lebensbedrohliche Sepsis auslösen.

21 Verbessern Sie die falsche Aussage aus Aufgabe 20.

......

......

22 Lisa möchte von Ingrid wissen: „Hast du schon einmal ein neugeborenes Kind gesehen? Wie sieht es aus?“ Ergänzen Sie den „Steckbrief eines reifen Neugeborenen“:

Steckbrief eines reifen Neugeborenen

Größe:	......
Gewicht:	......
Kopfumfang:	......
Herzfrequenz:	......
Atmung:	......
Hautfarbe:	......

23 Herr Dr. Mechelhoff bringt Jana am nächsten Tag ein Rätsel mit, das er in einer medizinischen Zeitschrift gefunden hat. Er sagt: „Wenn Sie das Rätsel richtig gelöst haben, verrät Ihnen das Lösungswort, wobei Sie mir assistieren.“ Während der Kaffeepause versucht Jana, unterstützt von Ingrid, das Rätsel zu lösen. Helfen Sie den beiden dabei (ö=oe).

1. Röntgenuntersuchung der Brust
2. schmerzhafte Menstruationsblutung
3. Zeitpunkt der ersten Menstruation
4. Zeitpunkt der letzten Menstruation
5. sexuell übertragbare Krankheit, die durch Bakterien verursacht wird
6. Fachwort für Scheidenentzündung
7. mechanisches Verhütungsmittel
8. Hormon für die Milchbildung
9. Fachwort für Eibläschen
10. Fachwort für Eileiterschwangerschaft

11. Hormon, das die Wehen auslöst
12. weibliches Geschlechtshormon
13. Fachwort für Kaiserschnitt
14. Fachwort für Jungfernhäutchen
15. ungeborenes Kind in der 1. bis 12. Schwangerschaftswoche
16. Fachwort für Gebärmutterschleimhaut
17. Fachwort für Eileiter und Eierstock
18. ungeborenes Kind nach der 12. Schwangerschaftwoche
19. Entnahme und Untersuchung des Fruchtwassers
20. Fachwort für Wechseljahre
21. Fachwort für monatliche Regelblutung
22. gutartige Geschwulst der Gebärmuttermuskulatur
23. Hormon, das beim Schwangerschaftstest nachgewiesen wird
24. sexuell übertragbare Krankheit
25. Fachwort für äußere Geschlechtsorgane
26. versorgt das Kind während der Schwangerschaft
27. Fachwort für Schwangerschaft

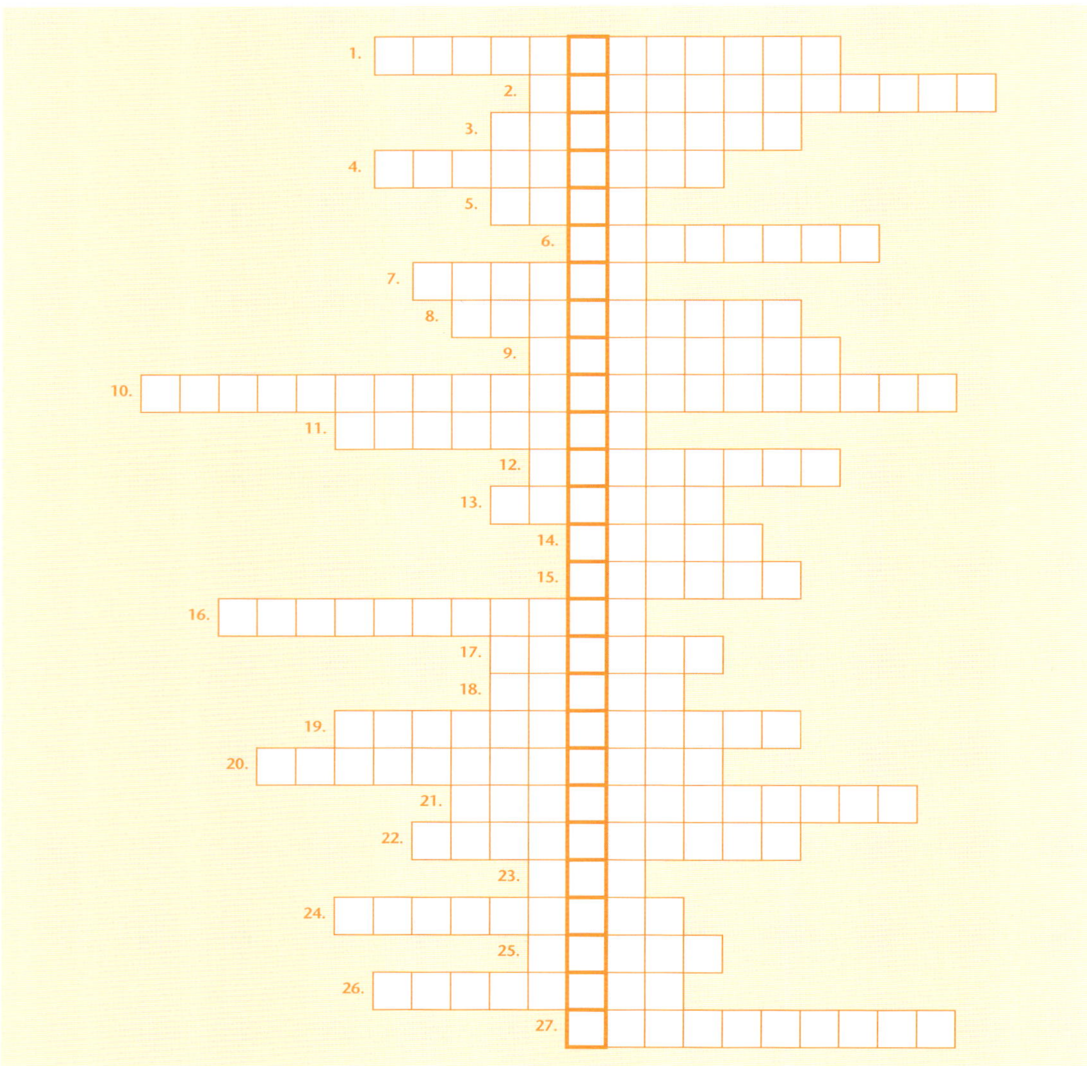

Lösungswort: ....

Lernfeld 9: Patienten bei diagnostischen und therapeutischen Maßnahmen der Erkrankungen des Verdauungssystems begleiten

1 Erkrankung des Verdauungstraktes

Situation:

Eine 60-jährige Patientin kommt in die Praxis von Frau Dr. Tanz. Im Gespräch mit der Ärztin gibt die Patientin an, seit einiger Zeit wieder vermehrt Schmerzen im rechten Oberbauch zu verspüren, besonders, wenn sie fettreiche Nahrung zu sich genommen habe. Außerdem leide sie schon längere Zeit an Verstopfung. Manchmal finde sich etwas Blut auf dem festen Stuhl. Frau Dr. Tanz erklärt der Patientin, dass sie eine Erkrankung der Leber oder Gallenblase vermutet. Wegen der Verstopfung würde sie gerne auch zur Sicherheit eine Untersuchung zur Früherkennung von Darmkrebs machen.
Sie schlägt folgende Untersuchungen vor:

- Abtasten und Ultraschalluntersuchung des Bauches,
- Blutabnahme zur Feststellung der „Leberwerte“,
- Untersuchung zur Früherkennung von Darmkrebs.

1. Wie heißt der Fachausdruck für das Gespräch, das Frau Dr. Tanz mit der Patientin geführt hat?

2. Als Frau Dr. Tanz kurz den Raum verlässt, fragt die Patientin etwas ängstlich, was denn nun mit ihr geschehe. Erklären Sie der Patientin kurz die Durchführung einer Ultraschalluntersuchung des Bauches.

3. Welche Bedingung muss die Patientin erfüllen, damit eine Ultraschalluntersuchung des Bauchraumes möglich ist?

4 Wie heißt der Fachausdruck für „Bauchraum“?

5 Beschriften Sie folgende Abbildung.

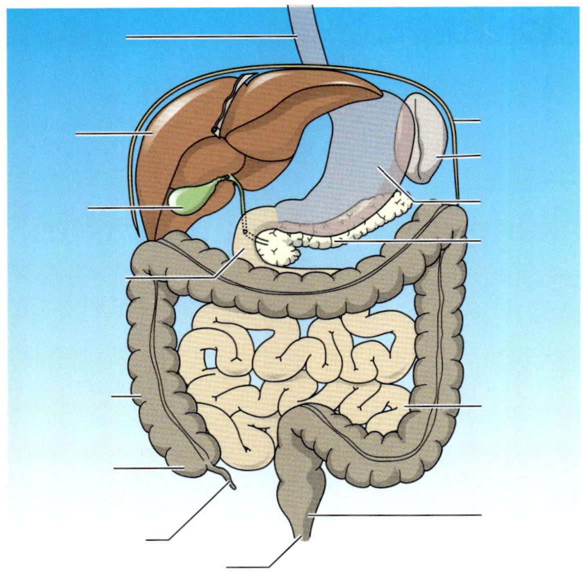

6 Erklären Sie der Patientin die Lage von Leber und Gallenblase.

7 Welche beiden Untersuchungen werden zur Früherkennung von Darmkrebs durchgeführt?

8 Was müssen Sie dafür bereitlegen?

9 In welchem Teil des Darms entwickelt sich am häufigsten ein Darmkrebs?

10 Nennen Sie den Fachausdruck für Darmkrebs.

11 Nachdem alle Untersuchungen stattgefunden haben, bespricht Frau Dr. Tanz die Ergebnisse mit ihrer Patientin. Wie heißt das Ergebnis einer einzelnen Untersuchung mit einem deutschen Fachausdruck?

12 Das Ergebnis der Krebsfrüherkennungsuntersuchungen ist negativ. Was bedeutet das für die Patientin?

13 Was könnte die Ursache für das Blut im Stuhl der Patientin sein, wenn kein Darmkrebs nachgewiesen wird? Verwenden Sie den entsprechenden Fachausdruck.

14 Bei welcher Erkrankung könnte das Blut im Stuhl der Patientin schwarz aussehen?

15 Am Ende der Krebsfrüherkennungsuntersuchung informiert Frau Dr. Tanz die Patientin noch über eine Neuerung. „In Ihrem Alter haben Sie inzwischen auch Anspruch auf eine Dickdarmspiegelung. Wenn Sie sich dazu entschließen könnten, und es würde keine krankhafte Veränderung festgestellt, hätten Sie zehn Jahre Ruhe bis zur nächsten Dickdarmspiegelung. Am besten lassen Sie sich mal in der Praxis von Herrn Dr. med. Hardinghaus darüber aufklären.“ Was wird Stefan Schröder der Patientin über den Ablauf und die Vorbereitung der Dickdarmspiegelung erzählen?

16 Bei der Ultraschalluntersuchung des Bauches sind Steine in der Gallenblase sichtbar geworden. Die Wand der Gallenblase war leicht verdickt. Nennen Sie jeweils den Fachausdruck für:

- eine Gallenblasenentzündung...
- ein Gallensteinleiden...

17 Wo wird der Gallensaft gebildet?

18 Warum wird Gallensaft gebildet? Nennen Sie zwei Gründe.

19 Warum klagt die Patientin besonders nach dem Genuss fettreicher Nahrung über Schmerzen?

20 Wohin fließt der Gallensaft von der Gallenblase aus?

21 Warum entstehen Gallensteine besonders häufig in der Gallenblase?

Situation:

Frau Dr. Tanz erklärt der Patientin, dass Erkrankungen der Gallenblase auch Auswirkungen auf die Leber haben können. Da die „Leberwerte" normal sind und bisher keine Koliken aufgetreten sind, schlägt die Ärztin der Patientin eine konservative Therapie vor. „Sobald Koliken, Gelbsucht oder Fieber auftreten, müssen Sie sich aber sofort melden", empfiehlt sie eindringlich.

1 Weshalb können Gallensteine Koliken und eine Gelbsucht verursachen?

Ergänzen Sie als Anwort den folgenden Lückentext mit den passenden Begriffen.

Ikterus • Bilirubin • Blut • Ductus choledochus • Gallenblase • Gallengänge • Gewebe • Kontraktion • krampfartige Schmerzen • Leber • Rückstau • stecken bleiben

Es kommt zu Koliken, das sind ...., wenn die Gallensteine bei der .... der .... in die .... weiterbefördert werden und dort .... Eine Gelbsucht (Fachausdruck ....) tritt auf, wenn die Gallensteine den .... verstopfen. .... gelangt zurück ins .... und lagert sich im .... ab. Ein .... von Gallensaft in die .... der .... kann dieses Organ schädigen.

2 Nennen Sie zwei weitere Ursachen für eine chronische Erkrankung der Leber.

3 Erklären Sie die Entstehung einer Leberzirrhose als Folge einer chronischen Erkrankung der Leber.

4 Woran können Patienten mit einer Leberzirrhose sterben?

5 Erklären Sie den Anstieg der „Leberwerte“ bei einer Erkrankung der Leber.

6 Was verstehen Sie unter einer „konservativen Therapie“?

7 Für Ihre Patientin bedeutet konservative Therapie: Umstellung der Ernährung, Spasmolytika, z. B. in Form von Zäpfchen. Nennen Sie

a) die deutsche Bezeichnung für Spasmolytika,
b) den Fachausdruck für Zäpfchen.

a)

b)

8 Welchen Vorteil hat die Gabe von Zäpfchen gegenüber einer oralen Zufuhr von Medikamenten?

9 Was ist bei der Aufbewahrung von Zäpfchen zu beachten?

10 Welche der folgenden Lebensmittel sollte die Patientin **A** meiden, **B** reichlich zu sich nehmen oder **C** in normaler Menge zu sich nehmen, wenn man auch noch ihre Verstopfung berücksichtigt? Tragen Sie die Buchstaben für die passende Aussage in die Kästchen ein.

Eiweiß	☐	Stärke	☐	Fette	☐
Alkohol	☐	Vitamine	☐	Mineralstoffe	☐
Wasser	☐	Ballaststoffe	☐	Glukose	☐

11 Woraus bestehen Ballaststoffe chemisch?

12 Was geschieht mit ihnen im Verdauungstrakt?

13 In welcher Art von Nahrung kommen sie besonders häufig vor?

14 Nennen Sie den Fachausdruck für Verstopfung.

15 Welche Behandlungsmethoden sind möglich, wenn die Patientin Gallenkoliken bekommen sollte? Nennen Sie den Fachausdruck mit Übersetzung.

Fachausdruck ....

....

Übersetzung ....

....

16 Da das Operationsrisiko bei normalgewichtigen Menschen geringer ist, sollte bei Ihrer Patientin rechtzeitig der BMI bestimmt werden. Wie wird er errechnet? Wie hoch ist er, wenn Ihre Patientin 75 kg wiegt und 1,63 m groß ist? Beurteilen Sie diesen Wert.

Berechnung ....

....

Beurteilung ....

....

2 Diabetes mellitus

Situation:

Ein junger Mann kommt in die Praxis zu Herrn Dr. Bödeker. Er habe schon seit einiger Zeit immer wieder kleinere Eiterherde gehabt. Jetzt sei einer so groß und schmerzhaft geworden, dass etwas geschehen müsse. Nachdem Dr. Bödeker den Furunkel versorgt hat, schaut er sich den Patienten an und stellt fest: „Ihnen geht es scheinbar auch sonst nicht so gut!" „Nein", antwortet der Patient, „ich habe an Gewicht verloren und fühle mich ziemlich schlapp. Ich könnte dauernd trinken." „Dann sollten Sie am besten noch zu meinem Kollegen Herrn Dr. Hardinghaus gehen." Der Arzt denkt ebenso wie sein Kollege gleich an einen Diabetes mellitus.

1 Welche Untersuchungen veranlasst Herr Dr. Hardinghaus?

....

....

2 Die Diagnose „Diabetes mellitus" bestätigt sich. Um welchen Typ wird es sich bei diesem jungen Mann handeln?

....

....

3 Ergänzen Sie folgenden Lückentext:

Typ I entsteht durch .... und tritt in der Regel bei .... Menschen auf. Die Ursache ist eine Zerstörung der Inselzellen der ...., z. B. durch .... Die Patienten mit Typ II-Diabetes sind häufig .... Ihre Körperzellen sprechen nicht mehr ausreichend auf .... an.

4 Erklären Sie, warum Ihr Patient an Gewicht verloren hat und sich schlapp fühlt.

....

....

5 Welche Antwort bekommt der Patient auf seine Frage: „Muss ich jetzt spritzen"? Was müsste er spritzen? Warum müsste er spritzen?

Antwort: .... Was? .... Warum? ....

6 Herr Dr. Hardinghaus erklärt dem Patienten nun den Diätplan. Unter anderem empfiehlt er ihm, keine glukosehaltigen Nahrungsmittel zu essen, sondern die nötigen Kohlenhydrate besser in Form von Stärke aufzunehmen. Zu welcher Gruppe von Kohlenhydraten gehört:

a) die Glukose, ...

b) die Stärke? ....

7 Was passiert mit der Stärke während der Verdauung? Ergänzen Sie bitte:

Stärke wird im Verdauungskanal mithilfe des Enzyms ....
in ihre Bausteine .... zerlegt.

8 Was ist ein Enzym?

9 Warum muss die Stärke in ihre Bausteine zerlegt werden?

10 In welchen Organen werden Enzyme für die Verdauung von Kohlenhydraten gebildet?

11 Welche anderen Bestandteile der Nahrung müssen durch Enzyme im Verdauungskanal zerlegt werden?

12 Herr Dr. Hardinghaus möchte bei dem jungen Mann noch den HbA1C Wert kontrollieren. Was zeigt dieser Wert an?

13 Welche Spätfolgen können entstehen, wenn dieser Wert zu hoch ist?

14 Warum kann der Patient nicht am „disease management program" für Diabetiker teilnehmen?

15 Welches Ziel verfolgt dieses Programm?

16 Was soll durch die Therapie erreicht werden?

17 Tragen Sie die Fachausdrücke für folgende Begriffe waagerecht in die Kästchen ein. Die Buchstaben in den markierten Kästchen ergeben von oben nach unten gelesen das Lösungswort (ö=oe).

1. Magenschleimhautentzündung
2. Blinddarmentzündung
3. Mandel
4. Speiseröhre
5. Ausstülpung des Darms
6. eiweißspaltendes Enzym
7. dienen der Vergrößerung der Darmoberfläche
8. Bauchfellentzündung
9. Durchfall
10. Eingeweidebruch

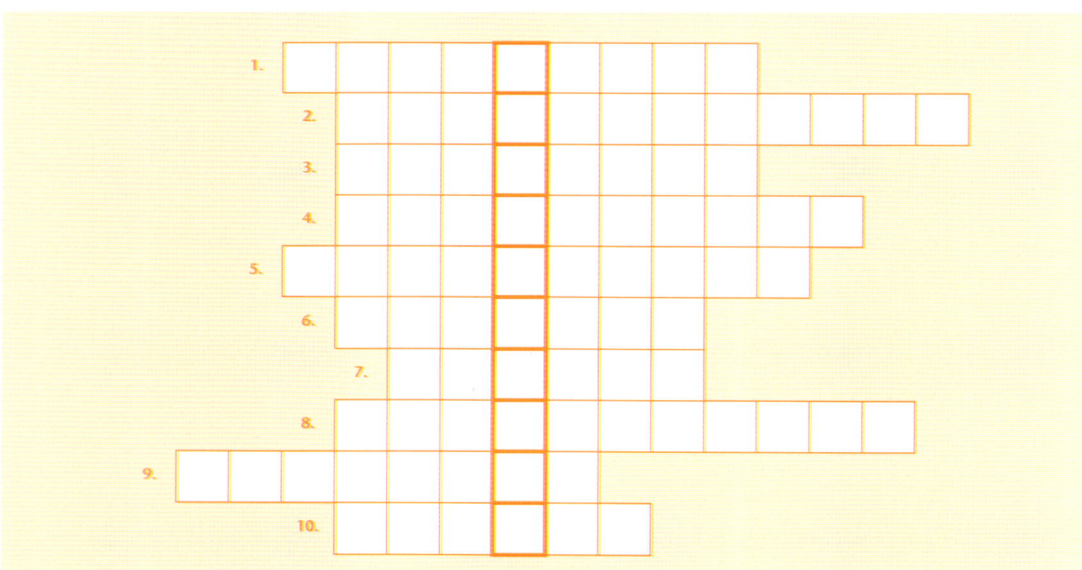

Lösungswort:

Lernfeld 10: Patienten bei kleinen chirurgischen Behandlungen und bei der Versorgung von Wunden begleiten

1 Anatomie und Physiologie der Haut

Situation:

Der letzte Patient hat abends die Praxis verlassen. Stefan Schröder, Lisa Kampus und Ingrid Kemper stehen an der Rezeption bei Monika Düvel und unterhalten sich. Stefan kratzt sich an den Handgelenken. Seine Haut ist an diesen Stellen gerötet, geschwollen, trocken und mit kleinen Bläschen und Kratzspuren bedeckt. Seine Kolleginnen empfehlen ihm, die Hautveränderungen noch schnell Frau Dr. Tanz zu zeigen, die gerade aus dem Labor kommt. Während die Ärztin mit Stefan in ihr Sprechzimmer geht, diskutieren die drei Kolleginnen weiter über das Thema „Haut".

1 Damit Sie der Diskussion folgen können, wiederholen Sie bitte vorher den Aufbau und die Aufgaben der Haut. Ergänzen Sie die folgende Tabelle.

Hautschicht (deutsch)	Fachwort	Gewebeart

2 Beschriften Sie die beiden Abbildungen der Haut.

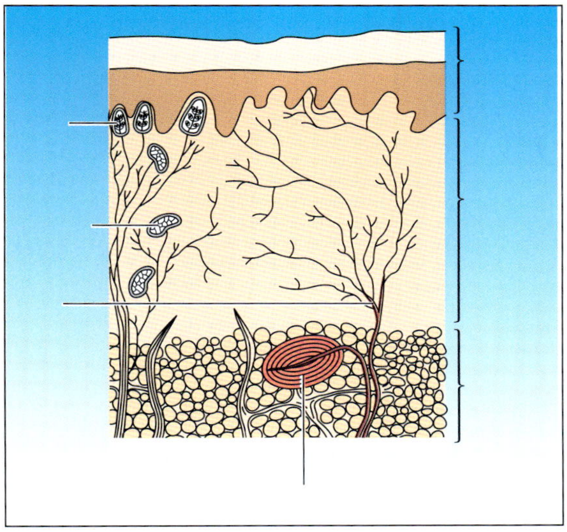

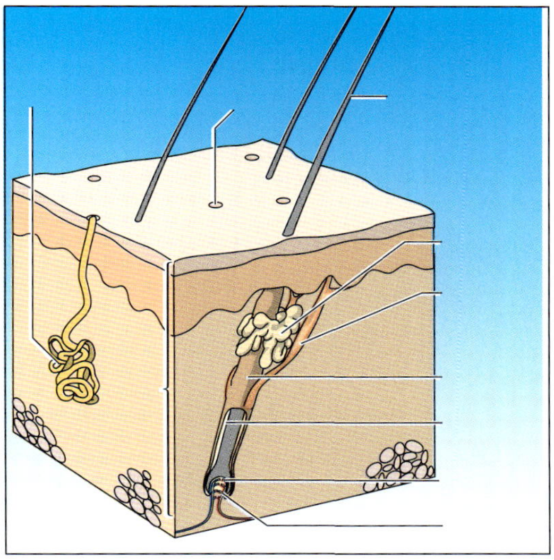

3 Ordnen Sie bitte die Schichten der Epidermis in der richtigen Reihenfolge von innen nach außen an.

1. Leuchtschicht 2. Basalmembran 3. Stachelzellschicht 4. Basalzellschicht
5. Hornschicht 6. Körnerzellschicht

Reihenfolge ……………………………………………

4 Ergänzen Sie bitte den Lückentext.

Zwischen die Basalzellen sind …………………… eingelagert. Sie produzieren das Hautpigment …………………… . Es schützt die Chromosomen vor schädlichen …………………… und bestimmt die …………………… .

5 Unterstreichen Sie bitte alle Bestandteile, die sich in der Dermis befinden.

Melanozyten

Basalzellen

Fettzellen

Langerhans-Zellen

6 Welche Aussagen über die Subcutis treffen zu?

a) Das Unterhautfettgewebe liegt zwischen Lederhaut und Muskulatur. ☐
b) Die Subcutis ist durch Bindegewebsstränge in Läppchen zerteilt. ☐
c) Die Subcutis ist stark durchblutet. ☐
d) Männer besitzen genetisch festgelegt mehr Fettgewebe als Frauen. ☐
e) Die Dicke der Subcutis ist am ganzen Körper ungefähr gleich. ☐
f) Überschüssige Nahrungskalorien werden in Fettgewebe umgewandelt. ☐

7 Nennen Sie die vier Aufgaben der Subcutis.

a) ……………………………………………

b) ……………………………………………

c) ……………………………………………

d) ……………………………………………

8 Eine wichtige Aufgabe der Haut ist der Schutz. Wodurch schützt uns die Haut vor

a) Verletzungen? ……………………………………………

b) UV-Strahlen? ……………………………………………

c) Wärmeverlust? ……………………………………………

d) Mikroorganismen? ……………………………………………

9 Eine weitere Aufgabe der Haut ist die Mithilfe bei der Wärmeregulation. Welche Aussage über das Verhalten von Schweißdrüsen und Hautkapillaren ist falsch?

- a) Bei Hitze ist die Schweißbildung gesteigert. ☐
- b) Bei Hitze ziehen sich die Hautkapillaren zusammen. ☐
- c) Beim Verdunsten von Schweiß entsteht die Verdunstungskälte. ☐
- d) In der Kälte wird die Schweißbildung geringer. ☐
- e) In der Kälte sind die Hautkapillaren eng gestellt. ☐

10 Welches Vitamin wird in der Haut gebildet?

....

11 Wie heißt der Fachbegriff für die übermäßige Einlagerung von Wasser in die Haut?

....

12 Monika, die früher in einer dermatologischen Praxis gearbeitet hat, behauptet: „Unsere Epidermis erneuert sich alle vier Wochen." Begründen Sie Monikas Aussage.

....

....

....

....

....

....

....

....

13 Lisa möchte wissen, warum erwachsene Patienten manchmal so unangenehm nach Schweiß riechen. An sich selbst hat Lisa beobachtet, dass ihre Haut fettiger geworden ist und sie sich oft ihre Haare waschen muss. Ihre kleinen Neffen und Nichten haben jedoch weder eine fettige Haut noch fettige Haare. Sie riechen auch dann nicht unangenehm nach Schweiß, wenn sie im Sommer herumgetobt sind und stark geschwitzt haben. Monika erklärt, dass es in der Haut Talgdrüsen, kleine und große Schweißdrüsen gibt. Ordnen Sie bitte den drei Drüsenarten alle zutreffenden Aussagen zu.

1) Sie münden an einer Hautpore.
2) Sie beginnen erst ab der Pubertät zu arbeiten.
3) Sie sind über die ganze Haut verteilt.
4) Sie kommen an Handflächen und Fußsohlen nicht vor.
5) Sie werden von den männlichen Geschlechtshormonen zur Produktion angeregt.
6) Sie sind an einen Haarfollikel gebunden.
7) Sie befinden sich vor allem am behaarten Kopf, im Mittelgesicht, Schulter- und Brustbereich.
8) Besonders viele gibt es an Handflächen und Fußsohlen.
9) Ihr Sekret hält Haut und Haare geschmeidig und bewahrt sie vor dem Austrocknen.
10) Der Schweiß schmeckt salzig und besteht aus Wasser und Kochsalz.
11) Sie bilden den Säureschutzmantel der Haut.
12) Der pH-Wert liegt im sauren Bereich (bei 4 bis 5).
13) Die Schweißproduktion hilft bei der Wärmeregulation mit.
14) Ihr Schweiß enthält Duftstoffe.
15) Sie befinden sich nur in der Achselhöhle und im Genitalbereich.

Kleine Schweißdrüse ☐☐☐☐☐☐☐

Große Schweißdrüse ☐☐☐☐

Talgdrüse ☐☐☐☐☐☐

14 Ingrid, die großen Wert auf die Pflege ihrer Haare und Nägel legt, ergänzt, dass Haare und Nägel ebenso wie die Drüsen zur Haut gehören und „Hautanhangsgebilde" genannt werden. Ergänzen Sie bitte die Tabelle.

	Haar	**Nagel**
Aufbau:	Faden aus	Platte aus ....
Bildungsort:		
Aufgaben:		

15 Lisa fragt: „Warum darf das Nagelhäutchen nicht verletzt werden?" Formulieren Sie Ingrids Antwort.

....

....

16 Lisa hat in der Berufsschule den Aufbau der Schleimhaut durchgenommen. Jetzt versucht sie, sich daran zu erinnern. Zwei ihrer Aussagen sind falsch. Finden Sie diese heraus und verbessern Sie sie.

a) Die Schleimhaut besteht aus einem Epithelgewebe, das nicht verhornt.
b) Die Schleimhaut wird durch Drüsensekrete feucht gehalten und geschützt.
c) Die fehlende Hornschicht verhindert Verletzungen der Schleimhaut.
d) Beim Schleimhautabstrich lösen sich die oberen Epithelzellen ab.
e) Das Fachwort für Schleimhaut heißt „Karzinom".
f) Die Zylinderepithelzellen im Verdauungskanal eignen sich für die Resorption der Nahrungsbausteine.
g) Flimmerepithel schützt die Atemwege, weil es Schmutzteilchen und Keime nach außen befördert.

Lösung:

....

....

....

....

2 Erkrankungen der Haut

Situation:

Stefan kommt aus dem Sprechzimmer zurück und wendet sich an seine Kolleginnen. „Gut, dass ich bei Frau Dr. Tanz war. Sie hat bei mir eine allergische Kontaktdermatitis diagnostiziert."

1 Ergänzen Sie bitte Stefans Bericht.

Die Dermatitis ist eine .... In den letzten Tagen habe ich ein neues Händedesinfektionsmittel ausprobiert. Frau Dr. Tanz vermutet, dass ich gegen einen Inhaltsstoff dieses Desinfektionsmittels allergisch bin. Genau an den Kontaktstellen ist meine Haut gerötet, ... und mit Bläschen, nässenden .... und .... bedeckt. Wenn ich das Händedesinfektionsmittel weiterhin benutze, kann meine akute Dermatitis in ein .... übergehen.

2 Monika unterbricht Stefan: „Medizinisches Personal ist durch den Umgang mit Desinfektionsmitteln immer gefährdet, an einer allergischen oder toxischen Kontaktdermatitis zu erkranken. Ihr könnt diesen Hauterkrankungen aber vorbeugen."

Wissen Sie, wie?

....

3 Der Arzt kann durch die Art, Anzahl und Anordnung der Hautveränderungen die verschiedenen Hautkrankheiten erkennen. Lisa entwirft dazu ein kleines Rätsel. Wenn Sie das Rätsel über die Hautveränderungen richtig lösen, erhalten Sie als Lösungswort den Fachbegriff für die Lehre von der Haut und ihren Erkrankungen.

1. beetartige, unregelmäßig begrenzte Erhebung der Epidermis durch Flüssigkeitsaustritt aus den Kapillaren, stark juckend
2. Farbveränderung im Hautniveau
3. Hautdefekt bis in den Papillenbereich mit punktförmigen Blutungen
4. Fachbegriff für Hautausschlag
5. Vorwölbung der Haut durch Flüssigkeitsansammlung
6. aufgelagertes, angetrocknetes Wundsekret, Blut oder Eiter
7. Verlust der oberen Zelllagen der Epidermis, feuchte, gerötete, nicht blutende Wundfläche
8. tief reichender, wannenförmiger Haut- oder Schleimhautdefekt, heilt mit Narbenbildung
9. „Hautblütchen", Einzelelement eines Hautausschlags
10. schmerzhafter, spaltförmiger, tiefer Hauteinriss
11. schmerzhafter, spaltförmiger, tiefer Schleimhauteinriss
12. Vorwölbung der Haut durch Zellansammlung oder Entzündung (Fachbegriff)

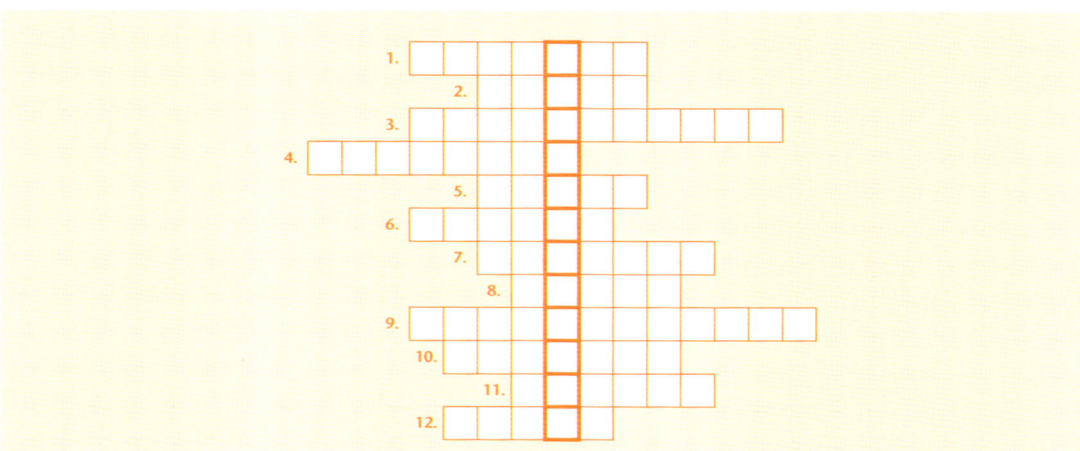

Lösungswort: ....

4 Auch Monika hat eine Idee für ein Ratespiel. „Ich nenne euch jetzt typische Symptome für Hauterkrankungen. Wer von euch stellt zuerst die richtige Diagnose?“ Lesen Sie die Stichworte in der vorgegebenen Reihenfolge. Bis zu welchem Stichwort müssen Sie lesen, um die Erkrankung zu erkennen?

Fall 1:

Komedo, gesteigerte Talgdrüsenfunktion, Pubertät, Propioni-Bakterien, Papel- und Pustelbildung

Krankheit: ....

Fall 2:

Kleinkind – Gelenkbeugen, Kopf und Hals – entzündlich verdickte, gerötete, nässende und zerkratzte Haut – Juckreiz – verminderte Talg- und Schweißbildung – chronisches Ekzem – Reize oder Stress lösen Schübe aus – oft kombiniert mit Allergien

Krankheit: ....

Fall 3:

vermehrte und überstürzte Verhornung – entzündlich gerötete Herde mit silberweißen Schuppen – Streckseiten der Extremitäten und behaarter Kopf – chronisch – beginnt meist im Jugendalter – familiär gehäuft

Krankheit: ....

Fall 4:

Virusinfektion – verhornte Epithelwucherungen – meist an Händen, Fußsohlen – oft sind Kinder und Jugendliche betroffen – wuchert an der Fußsohle dornartig nach innen – heilt meist spontan ab

Krankheit: ....

Fall 5:

Virusinfektion, im Lippenbereich Gruppen von kleinen juckenden Bläschen – Bläschen verkrusten nach einigen Tagen und heilen ab – kann bei vorübergehender Abwehrschwäche immer wieder auftreten

Krankheit: ....

5 Welche Krankheitserreger verursachen eitrige Infektionen von Haut, Drüsen, Haarfollikeln und Nägeln? Kreuzen Sie die richtigen Antworten an.

- a) Staphylokokken ☐
- b) Viren ☐
- c) Stäbchenbakterien ☐
- d) Sporen ☐
- e) Pilze ☐
- f) Streptokokken ☐

3 Verletzungen der Haut

Situation:

Der zweijährige Tobias spielt allein in der Küche. Dabei zieht er am Kabel des Wasserkochers, dieser kippt um und sein Inhalt ergießt sich über Füße und Beine des kleinen Jungen. Tobias erleidet Verbrennungen zweiten und dritten Grades, sodass Frau Dr. Tanz ihn nur noch in eine Spezialklinik einweisen kann.

1. Definieren Sie die drei Schweregrade, in die Verbrennungsverletzungen eingeteilt werden.

   Grad 1:

   Grad 2:

   Grad 3:

2. Die Muttter von Tobias hat sofort nach dem Unfall in der Praxis angerufen. Welche Erste-Hilfe-Maßnahmen wurden ihr empfohlen?

3. Welche Komplikationen können bei Verbrennungen auftreten?

4. Tobias überlebt seine schweren Verletzungen. Eine Hauttransplantation wird vorgenommen. Welche Komplikationen können hierbei später auftreten?

5. Wunden sind eine Durchtrennung oder Zerstörung von Gewebe. Sie sind in diesem Fall durch Hitze entstanden. Nennen Sie fünf Beispiele für Wunden, die durch äußere mechanische Einwirkungen entstehen.

6. In wie viele Grade werden Erfrierungsverletzungen eingeteilt? Kreuzen Sie die richtige Antwort an.

   in drei Grade ☐ in fünf Grade ☐ in sechs Grade ☐

4 Instrumente für kleine chirurgische Eingriffe

Situation:

Silke Peters hat bei Herrn Dr. Bödeker eine Ausbildung zur Medizinischen Fachangestellten begonnen. An ihrem zweiten Arbeitstag zeigt ihr Kollege Stefan ihr eine Reihe von Instrumenten, die für kleinere chirurgische Eingriffe benötigt werden. Silke ist verunsichert. Wie soll sie diese Vielzahl von Instrumenten auseinanderhalten? „Kein Problem", lacht Stefan. „Das ist alles Übungssache. Hilfreich ist außerdem, dass sich die Instrumente in verschiedene Funktionsgruppen aufteilen lassen.

1 Welche Funktionsgruppen meint Stefan?

Nennen Sie zu jeder Funktionsgruppe Beispiele.

Welche Pinzettenarten kennen Sie? Wofür werden diese benutzt? Nennen Sie drei Beispiele.

Silke ist jetzt schon etwas länger in der Praxis. Sie weiß nun, wie chirurgische Instrumente aufbereitet werden. Welche Arbeitsschritte dienen der Wiederaufbereitung von Instrumenten? Beachten Sie die richtige Reihenfolge.

5 Chirurgische Behandlung und Assistenz in der Arztpraxis

Situation:

Silke Peters ist aufgeregt. Heute wird sie zum ersten Mal bei einer kleineren Operation dabei sein. Frau Graf, die Patientin, liegt bereits auf der OP-Liege. Silke trägt ebenso wie ihre Kollegen OP-Kleidung. Die chirurgische Händedesinfektion hat sie bereits durchgeführt. Da bei Frau Graf ein kleiner Hauttumor entfernt wird, erhält sie eine Lokalanästhesie. Während des Eingriffs erläutert Herr Dr. Bödeker der Patientin seine Handlungen. Frau Graf, die anfangs sehr nervös war, entspannt sich allmählich. Nachdem Herr Dr. Bödeker die Wunde genäht und verbunden hat, bleibt Frau Graf einige Zeit in der Praxis. Silke hat die Aufgabe, immer mal wieder nach ihr zu sehen.

1 Erläutern Sie die Begriffe „Anästhesie“ und „Lokalanästhesie“.

Lokalanästhesie:

2 Welche Form der Lokalanästhesie wird bei Frau Graf durchgeführt?

3 Welche anderen Formen der Lokalanästhesie gibt es? Nennen Sie Beispiele für deren Einsatz in der Arztpraxis.

4 Definieren Sie die Begriffe „Exzision“ und „Inzision“.

Exzision:

Inzision:

5 Erklären Sie Silke, wie sie vor der Operation die chirurgische Händedesinfektion durchführen muss.

6 Welche Gegenstände und Instrumente wurden von Silke und Stefan vorbereitet, damit Herr Dr. Bödeker die Tumorexzision bei Frau Graf durchführen kann?

7 Was geschieht in der Regel mit einem entfernten Hauttumor? Kreuzen Sie die richtige Antwort an.

- Er wird umgehend entsorgt. ☐
- Er wird zur Begutachtung an ein pathologisches Institut gesendet. ☐
- Er wird für Forschungszwecke aufbewahrt. ☐

8 a) Wie sorgen Sie dafür, dass sich das entnommene Gewebe bis zur Untersuchung nicht verändert?

b) Welche Informationen und Unterlagen benötigt der Pathologe, der den Hauttumor untersucht?

9 Während Silke die Patientin betreut, räumt sie gleichzeitig mit Stefan den OP-Raum auf. Welche Arbeiten müssen die beiden erledigen?

10 Warum bleibt Frau Graf nach dem Eingriff noch einige Zeit in der Praxis?

6 Wundversorgung

Situation:

Während der heutigen Sprechstunde unterstützen Silke Peters und Jutta Koch Herrn Dr. Bödeker bei der Versorgung verschiedener Wunden. Sie bereiten alle Instrumente und Gegenstände für die Wundversorgung vor und legen die geeigneten Verbände an.

Patient 1: Der fünfjährige Jan ist auf dem Spielplatz so unglücklich gestürzt, dass er sich eine großflächige, verschmutzte Schürfwunde am rechten Unterarm zugezogen hat. Seine Mutter bringt den weinenden Jungen in die Praxis. Dort wird sie gefragt, ob sie den Impfausweis des Jungen dabei habe. Warum möchte Herr Dr. Bödeker Jans Impfausweis sehen?

Schürfwunde (Aussehen):

Vorbereitung Wundversorgung:

Verband:

Welche Eigenschaften und Aufgaben hat ein Wundverband?

Patient 2: Jörn Wöller hat am Mittelglied des linken Ringfingers einen Abszess, den Herr Dr. Bödeker jetzt chirurgisch eröffnen will.

Abszess (Aussehen):

Vorbereitung Wundversorgung:

Verband:

Patient 3: Bei der Patientin Barbara Beck hat Herr Dr. Bödeker vor zehn Tagen eine Platzwunde am Hinterkopf mit sieben Einzelknopfnähten versorgt. Heute kommt Frau Beck zur Entfernung der Fäden. Diese Aufgabe darf Silke übernehmen.

Platzwunde (Aussehen):

Vorbereitung für die Fadenentfernung:

Stefan erklärt Silke die Fadenentfernung wie folgt:

Patient 4: Bei dem 82-jährigen Patienten Horst Seehaus versorgt Herr Dr. Bödeker ein Ulcus cruris oberhalb des linken Innenknöchels.

Ulcus cruris (Aussehen):

Weitere Frage zu Patient 4: Schlecht durchblutete Gewebe sind leicht verletzlich und die entstandenen Wunden heilen nur schwer ab. Wie kann die Heilung dieser Problemwunden gefördert werden?

Lernfeld 11: Patienten bei der Prävention begleiten

1 Gesundheit und Krankheit

Situation:

„Wann ist ein Mensch eigentlich völlig gesund?“, fragt Johannes seine Freundin Jana Schilling. „Dieser Zustand ist in der Realität wohl kaum zu erreichen“, antwortet diese. „Die WHO definiert Gesundheit als Fehlen von körperlichen und seelischen Krankheiten. Auch das soziale Umfeld spielt dabei eine große Rolle. „Und welche Bedeutung hat in diesem Zusammenhang die Präventivmedizin?“, möchte Johannes nun wissen.

1. Beantworten Sie Johannes Frage nach der Aufgabe der Präventivmedizin.

....

....

2. Ordnen Sie zu, indem Sie Verbindungslinien ziehen.

1. Vorsorge- und Früherkennungsuntersuchungen	a) tertiäre Prävention
2. Individualhygiene	b) sekundäre Prävention
3. Rehabilitation	c) primäre Prävention
4. Massage	d) primäre Prävention
5. Psychohygiene	e) tertiäre Prävention

3. Bei einem Patienten, der einen Schlaganfall erlitten hat, werden folgende Maßnahmen durchgeführt: Überwachung von Kreislauf und Atmung, Verabreichung blutdrucksenkender Medikamente, Krankengymnastik. Welche Maßnahme dient der Rehabilitation? Begründen Sie Ihre Aussage.

Maßnahme: ....

Begründung: ....

....

4. Erklären Sie, warum folgende Maßnahmen der Individualhygiene auch Folgen an Ihrem Arbeitsplatz haben können.

Erhaltung des sauren pH-Wertes der Haut:

....

....

Vorschriftsmäßige Nagelpflege:

....

....

5 Welche der folgenden Aussagen stimmen nicht?

a) Umwelthygiene befasst sich mit gesundheitlichen Schäden durch Abgase und Lärm.
b) Schlechte hygienische Lebensbedingungen fördern allgemein die Ausbreitung von Krankheiten.
c) Der natürliche Säureschutz der Haut wird durch langes Baden in heißem Wasser nicht beeinflusst.
d) Der Ernährungs- bzw. Gesundheitszustand von Menschen hat keinen Einfluss auf die Ausbreitung von Infektionskrankheiten.

2 Vorsorgeuntersuchungen

Situation:

Frau Waldmann betritt mit ihrem 16-jährigen Sohn Lukas die Praxis. Sie hat einen Termin bei Frau Dr. Tanz zur Jugendarbeitsschutzuntersuchung ihres Sohnes. Lukas soll in einem Vierteljahr eine Ausbildung zum Schreiner beginnen. Frau Waldmann bittet Monika Düvel, ihr den Ablauf der Untersuchung nach dem Jugendarbeitsschutzgesetz zu erklären.

1 Übernehmen Sie die Erklärungen für Monika Düvel. Informieren Sie sich hierfür über das entsprechende Gesetz (siehe auch Lehrbuch, S. 385).

3 Gesundheitsuntersuchung, Recall, Selbsthilfegruppe

Situation:

Herr Fritz Semmelweis betritt die Praxis und möchte sich gerne einmal „durchchecken" lassen. Er bittet Monika Düvel um einen Termin bei Frau Dr. Tanz. Herr Semmelweis ist 36 Jahre alt und bei einer gesetzlichen Krankenkasse versichert.

1 Welche Untersuchung kann Monika Düvel Herrn Semmelweis anbieten? Welche Informationen braucht die Medizinische Fachangestellte, um die geeignete Untersuchung zu empfehlen?

2 Herr Semmelweis erscheint zwei Tage später zum vereinbarten Termin in der Praxis. Welche Aufgaben übernimmt die MFA Monika Düvel bei der Gesundheitsuntersuchung des Patienten?

3 Einige Tage später bespricht Frau Dr. Tanz die Untersuchungsergebnisse mit Herrn Semmelweis. Die Laborergebnisse und die Untersuchungsbefunde liegen bis auf das Körpergewicht im Normalbereich. Herr Semmelweis ist mit einem BMI von 31,6 deutlich übergewichtig. Herr Semmelweis berichtet der Ärztin, dass er schon öfter versucht hat, eine Diät zu machen, aber nie lange durchgehalten hat. Auch zum regelmäßigen Sport kann er sich alleine nicht aufraffen. Frau Dr. Tanz empfiehlt ihrem Patienten, es doch einmal mit einer Selbsthilfegruppe zu versuchen.

Herr Semmelweis fragt daraufhin Monika Düwel: „Was ist eigentlich eine Selbsthilfegruppe und wie kann sie mich bei meiner Gewichtsabnahme unterstützen?"

Die Medizinische Fachangestellte antwortet:

4 Bevor Herr Semmelweis die Praxis verlässt, fragt ihn Monika Düwel noch, ob er in das Recallsystem der Praxis aufgenommen werden möchte. Die Medizinische Fachangestellte erklärt, was Recall bedeutet:

5 Suchtkrankheiten:
Jutta Koch trifft am Wochenende ihre Clique. Die jungen Leute diskutieren über Suchtmittel und deren Gefahren. Juttas Freundin Anne hat einen alkoholabhängigen Freund. Sie weiß, dass Jutta in ihrer Ausbildung auch über diese Themen lernt.

1. Welche Institutionen, die bei Alkoholabhängigkeit helfen können, kann Jutta ihrer Freundin nennen?

2. Wozu gibt es den Fagerström-Test? Kreuzen Sie an:

a) Alkoholabhängigkeit ☐
b) Nikotinabhängigkeit ☐
c) Drogenabhängigkeit ☐

3. Welche der hier genannten Drogen sind legal? Kreuzen Sie an

a) Crack	☐	d) Aufputschmittel	☐
b) Alkohol	☐	e) Schlafmittel	☐
c) Cannabis	☐	f) Nikotin	☐

4 Krebsfrüherkennungsuntersuchungen

Situation:

Das Ehepaar Stella und Constantin van Beuren kommt sonnengebräunt und gut erholt aus dem Spanienurlaub zurück. Kurz nach ihrer Rückkehr erfährt das Ehepaar, dass ein guter Freund an Krebs erkrankt ist. Durch diese Nachricht aufgeschreckt, stehen beide jetzt an der Rezeption des Praxiszentrums und bitten die MFA Monika Düvel um einen Termin für Untersuchungen zur Krebsfrüherkennung. Stella van Beuren ist 54 Jahre alt, ihr Ehemann 56 Jahre. Beide sind bei einer gesetzlichen Krankenkasse versichert.

1 Welche Krebsfrüherkennungsuntersuchungen kann Frau Düvel den beiden anbieten?

Stella van Beuren: ....

Constantin van Beuren: ....

2 Karin Schmidt sieht, dass Frau Düvel für das Ehepaar van Beuren Termine bei Herrn Dr. Hardinghaus und Herrn Dr. Mechelhoff eingetragen hat. Sie fragt Frau Düvel, welche Aufgaben sie als Medizinische Fachangestellte außer der Terminvergabe bei den Krebsfrüherkennungsuntersuchungen übernehmen kann. Monika Düvel nennt Beispiele:

Welche der folgenden Tumore können durch die angebotenen Krebsfrüherkennungsuntersuchungen nicht erkannt werden?

Kolonkarzinom, Malignes Melanom, Magenkarzinom, Zervixkarzinom, Basalzellenkarzinom, Rektumkarzinom, Prostatakarzinom, Mammakarzinom, Lungenkarzinom, spinozelluläres Karzinom, Pankreaskarzinom

Welche der folgenden Aussagen ist falsch? Verbessern Sie die falsche Aussage.

a) Früherkennungsuntersuchungen erhöhen die Heilungschancen bei bösartigen Tumoren.
b) Bei der Krebsfrüherkennungsuntersuchung für Frauen wird Untersuchungsmaterial von der Portiooberfläche und aus dem Zervikalkanal entnommen.
c) Die Früherkennungsuntersuchung auf Hautkrebs kann ab dem 30. Geburtstag einmal jährlich in Anspruch genommen werden.
d) Der Arzt soll Patienten ab 50 Jahren über das Gesamtprogramm zur Früherkennung des kolorektalen Karzinoms informieren.
e) Bei der rektalen Untersuchung eines Mannes kann der Arzt die Prostata und den Mastdarm beurteilen.

Verbesserung:

5 Früherkennungsuntersuchungen für Kinder und Jugendliche

Situation:

Am Mittwochvormittag findet im Praxiszentrum eine Präventionssprechstunde statt. Lisa Kampus ist zusammen mit Ingrid Kemper für die Planung und Organisation verantwortlich. Lisa Kampus assistiert gerade Herrn Dr. Mechelhoff bei der Mutterschaftsvorsorgeuntersuchung von Frau Jasmin Özlem (38. Schwangerschaftswoche).

1 Welche Befunde kann kann Lisa Kampus bei den Mutterschaftsvorsorgeuntersuchungen als MFA eigenständig ermitteln? Wo trägt sie ihre Untersuchungsergebnisse ein?

2 Bei der Verabschiedung sagt Frau Özlem zu Lisa Kampus: „Hoffentlich wird mein Kind nach der Geburt genau so gut untersucht wie ich." Lisa antwortet: „Da kann ich Sie beruhigen ...". Ergänzen Sie die Lücken in Lisas Erklärung.

Sofort nach der Geburt wird Ihr Kind nach dem .... beurteilt und der Arzt untersucht es nach .... und .... Zwischen dem 3. bis 10. Lebenstag wird die .... durchgeführt. Bei dieser Untersuchung wird, wenn Sie einverstanden sind, auch Blut für das .... entnommen. Neugeborene haben auch Anspruch auf eine Früherkennungsuntersuchung von ....

3 Für die heutige Präventionssprechstunde sind sieben Kinder für U-Untersuchungen einbestellt.

a) Bis zu welchem Alter kann die U 9 durchgeführt werden? ....

b) Welchen Schwerpunkt hat die U 7a? ....

c) Was wird neben der körperlichen Entwicklung eines Kindes bei den Kinderfrüherkennungsuntersuchungen überprüft? ....

d) Welche andere Präventionsleistung kann ab der U 4 in Kombination angeboten werden?

4 Frau Kemper hat festgestellt, dass die J 1 nur von wenigen Jugendlichen in Anspruch genommen wird. Sie beauftragt Lisa damit, die Eltern dieser Kinder gezielt auf die Möglichkeit zur Teilnahme an der J 1 anzusprechen und zu motivieren.

a) Wie alt dürfen die Kinder der Eltern sein, die Lisa ansprechen soll?

b) Welche Vorteile hat die Teilnahme an der J 1 für die Jugendlichen und ihre Eltern?

Lernfeldübergreifende Themen

1 Anatomie und Physiologie – Grundlagen – Aufbau des Körpers

Situation:

Die Medizinische Fachangestellte Monika Düvel hat von Frau Dr. med. Burglind Tanz den Auftrag bekommen, den Wissensstand der Auszubildenden Karin zu überprüfen. Karin berichtet, dass in den letzten Schulstunden der Aufbau des Körpers behandelt wurde. Bearbeiten Sie die Aufgaben, die der Auszubildenden Karin gestellt werden.

1 Zunächst nennt Monika Düvel einige grundlegende Fachbegriffe und Definitionen und fordert Karin auf, diese zu erläutern bzw. die dazugehörigen Begriffe zu nennen:

Anatomie: ....

....

....

Embryologie: ....

....

....

.... : Lehre von den Funktionen des Körpers.

.... : Bau des Körpers – Strukturen, die sich mit dem Auge erkennen lassen.

Mikroskopische Anatomie: ....

....

....

.... : Lage der einzelnen Körperbestandteile zueinander.

Histologie: ....

....

....

2 Monika Düvel erstellt für Karin das nachfolgende Schema zum Aufbau des Körpers und bittet sie, es zu vervollständigen:

Strukturen des Körpers		Erläuterungen
Zellorganellen	=	Funktionseinheiten innerhalb einer Zelle

⇩

	=	

⇩

	=	

⇩

	=	

⇩

	=	

⇩

	=	sämtliche Organsysteme

3 Darauf bittet Monika Düvel Karin um Nennung von zehn ihr bekannten Organen:

(1) .... (5) .... (9) ....

(2) .... (6) .... (10) ....

(3) .... (7) ....

(4) .... (8) ....

4 Nun soll Karin zu den genannten Organen das jeweilige funktionelle System nennen:

(1) .... (6) ....

(2) .... (7) ....

(3) .... (8) ....

(4) .... (9) ....

(5) .... (10) ....

2 Lage- und Richtungsbezeichnungen

Situation:

Danach legt Monika Düvel Karin die folgenden Abbildungen vor, die sie entsprechend der Arbeitsanweisung bearbeiten soll.

1 Wählen Sie zu den genannten Körperregionen eine Farbe aus und malen Sie die entsprechenden Körperregionen in den Abbildungen mit dieser Farbe aus. Es kann sein, dass Sie eine Körperregion nur in einer oder in beiden Abbildungen finden (falls Sie nicht genügend Farben haben, können Sie auch unterschiedlich schraffieren).

Körperregion	Farbe	Abbildungen
seitliche Bauchregion		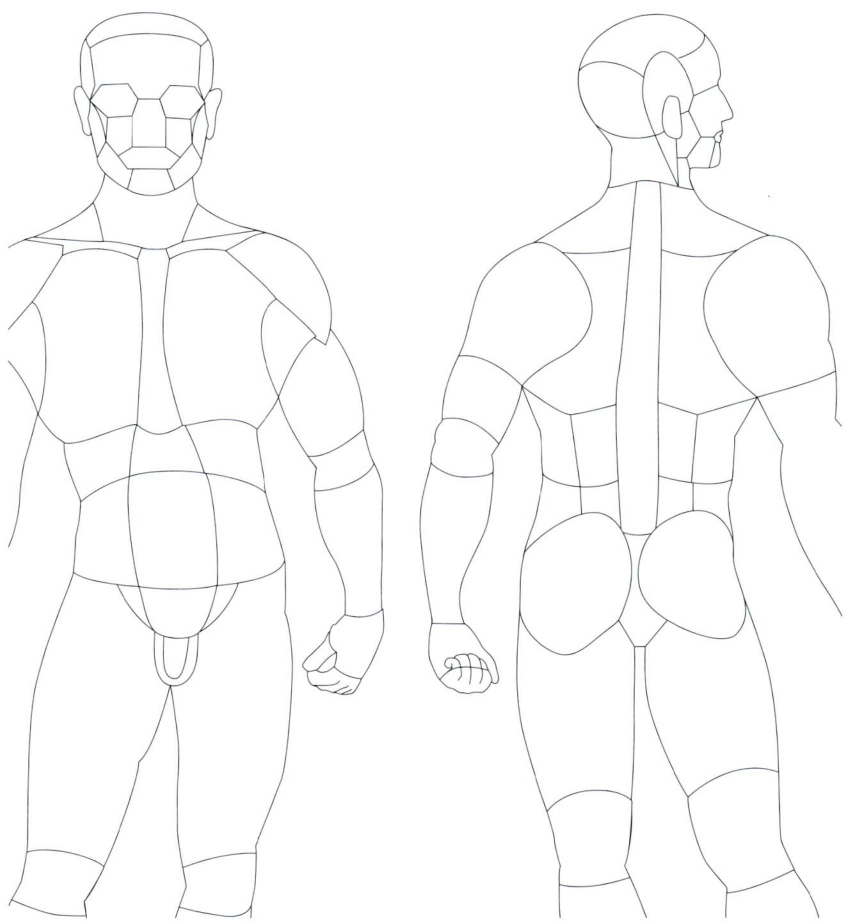
Region des Deltamuskels		
Gesäßregion		
Hinterhauptregion		
Schulterblattregion		
Brustregion		
Achselregion		
Stirnregion		
seitliche Halsregion		
Schamregion		
Ellenbogenregion		
Schlüsselbeinregion		
Lendenregion		
Nabelregion		

2 Karin findet einige dieser Begriffe etwas merkwürdig und fragt Monika nach dem Grund der Namensgebung.

Monika: „Die Namen beziehen sich auf ...

1. – ....

2. – ....

3. – ....

4. – ....

3 Monika erläutert Karin den Verlauf verschiedener Achsen im menschlichen Körper. Aus diesen lassen sich Richtungspaare ableiten. Monika erstellt die folgende Tabelle und gibt bestimmte Eingaben vor. Karin soll nun die fehlenden „Gegenbegriffe" sowie die Termini (Fachbegriffe) bzw. die deutschen Begriffe nennen. Zum leichteren Verständnis gibt Monika die erste Zeile vor:

	Deutsche Bezeichnung		Terminus		Terminus		Deutsche Bezeichnung
1	randwärts	=	peripher	⇔	zentral	=	in der Mitte
3		=		⇔	sinister	=	
4		=	kranial	⇔		=	
5		=		⇔		=	zur Elle hin
6		=		⇔	posterior	=	
7		=		⇔	distal	=	
8		=	volar	⇔		=	
9	innen	=		⇔		=	
10		=		⇔		=	seitwärts
11		=	tibial	⇔		=	
12		=	superior	⇔		=	
13		=		⇔		=	bauchwärts
14		=		⇔	profundus	=	

4 Anschließend fordert Monika Karin auf, die genannten Begriffe am eigenen Körper und an Monikas Körper zu zeigen. Welche Regel muss Karin dabei beachten?

....

3a) Zelllehre – Zytologie

Situation:

Karin hat nun gelernt, dass die Zelle die kleinste lebensfähige Funktionseinheit des Körpers ist. Diese Aussage beschäftigt sie tiefer und sie fragt Monika, woran zu erkennen sei, ob eine Zelle lebe oder nicht.

1 Monika nennt ihr daraufhin sechs Zeichen des Lebens:

(1) .... (3) .... (5) ....

(2) .... (4) .... (6) ....

Diese Lebensvorgänge laufen in den Zellen ab. Die Zusammenarbeit der Zellen gewährleistet eine effektivere Funktion und dadurch das Leben des Körpers. Grundvoraussetzung für das Leben ist der ...., da er .... liefert.

2 Aus dem Schulbuch liest Karin vor: „Aus einer befruchteten Eizelle entwickeln sich durch Zellteilung und Differenzierung die Zelltypen des Körpers.“ Diese Aussage versteht sie nicht und sie bittet Monika, ihr den Begriff „Differenzierung“ mit eigenen Worten zu erklären:

3b) Zelllehre – Zytologie

Situation:

Karin denkt über die Vielfältigkeit der Zellen des menschlichen Körpers nach: „Wenn es so viele verschiedene Zellen gibt, die aber alle aus einer Ursprungszelle, der befruchteten Eizelle entstanden sind, muss es zwischen den Zellen doch bestimmte bauliche Übereinstimmungen geben.“ In ihrem Schulbuch findet sie hierzu den Merksatz: „Alle Zellen stimmen in den Grundzügen ihres Aufbaus überein.“

1 Die Vielfältigkeit der Zellorganellen fasziniert Karin. Deshalb möchte sie diese näher kennenlernen und sie am Aussehen unterscheiden können. Sie bittet Monika Düvel, ihr das Bild einer Zelle zu beschaffen, damit sie diese dann beschriften könne. Monika legt ihr daraufhin die folgende Abbildung vor und bittet um Beschriftung:

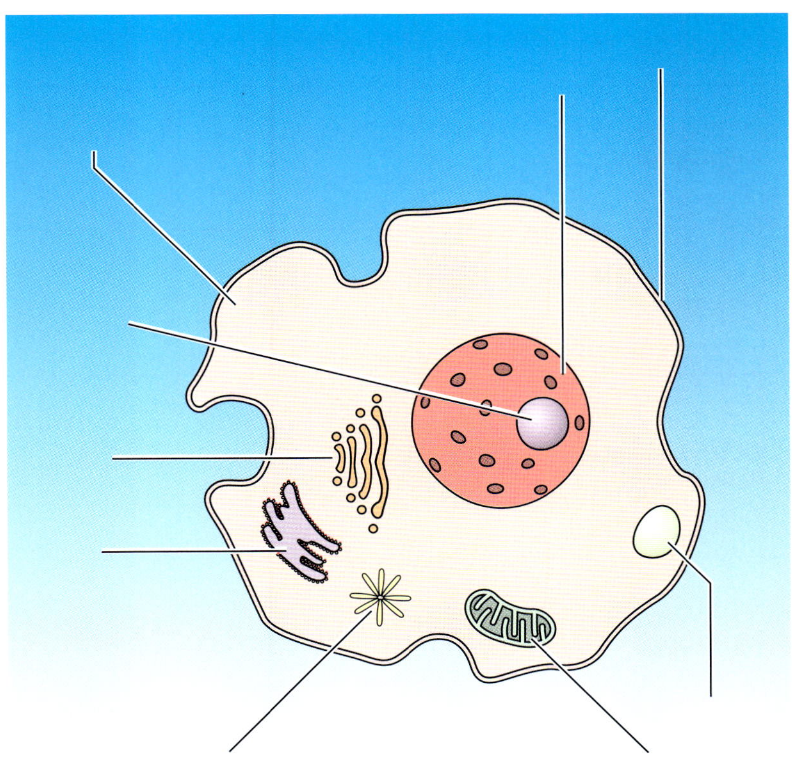

2 Im Anschluss zeigt Monika Karin die folgende Tabelle mit wichtigen Zellorganellen und bittet sie, die fehlenden Aufgaben zu ergänzen:

	Organelle	Aufgabe/-n
1	**Zellmembram**	
2	**Zellleib (Zytoplasma)**	
3	**Zellkern (Nukleus)**	
4	**Kernkörperchen (Nukleolus)**	
5	**Mitochondrium**	
6	**Golgi-Apparat**	
7	**Ribosom**	
8	**ER (Endoplasmatisches Retikulum)**	
9	**Lysosomen**	
10	**Zentralkörperchen**	

3 Ergänzen Sie den folgenden Lückentext.

Der Zellkern ist der Träger der genetischen Information. Hier liegt die Erbsubstanz in Form von Genen auf den ______________. Diese bestehen aus DNA, das ist die Abkürzung für die ______________. Normalerweise sind die Chromosomen im Zellkern nicht sichtbar, erst während der ______________ wickeln sich die Fäden der DNA auf und werden unter dem ______________. Diese aufgewickelte Form hat für die Zelle den Vorteil, dass die Chromosomen zur Teilung ________ und ________ werden können. Der Mensch besitzt in fast jeder Zelle ______ Chromosomenpaare. Diese werden in die ______________ und die ______________ unterteilt. Von den Autosomen gibt es ______ Paare mit jeweils identischer Größe und Form. Von den Gonosomen gibt es ____ Paar, sie bestimmen das ________ und bestehen beim Mann aus den Chromosomen ______ und bei der Frau aus den Chromosomen ______. Von den Gonosomen ist das ______ größer als das ______.

4 Das **Karyogramm** zeigt den Chromosomensatz des Menschen. Hierbei werden die Chromosomenpaare nach Größe und Gestalt geordnet. Begonnen wird mit den Autosomen, sie werden mit abfallender Größe und den Ziffern 1 bis 22 geordnet. Danach werden die Gonosomen angefügt. Sie sehen hier den Chromosomensatz des Menschen. Handelt es sich um den Chromosomensatz eines Mannes oder einer Frau (Begründung)?

____
____
____
____
____
____
____
____
____
____
____

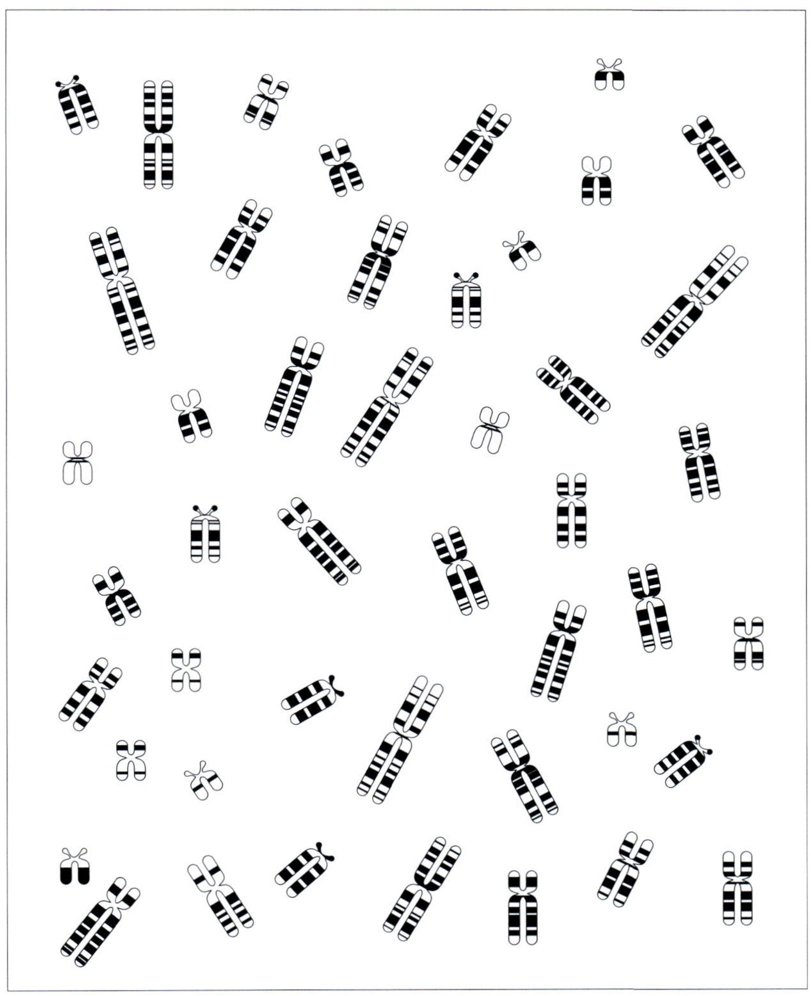

3c) Zelllehre – Zytologie

Situation:

Monika hat für Karin aus dem Fachkundebuch die Bilder der Stadien der Mitose ausgeschnitten. In falscher Reihenfolge legt sie diese Karin vor.

1 Karin soll die jeweiligen Stadien benennen und mit eigenen Worten erläutern, was in den einzelnen Phasen der Mitose abläuft:

Reihenfolge		Phase	Ablauf
	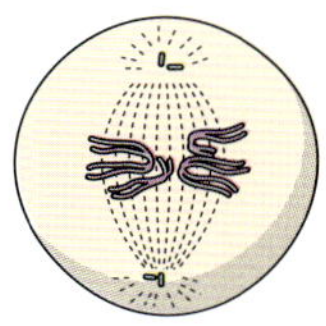		
	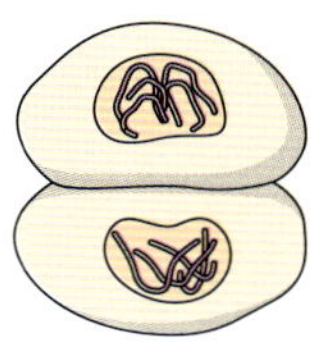		
	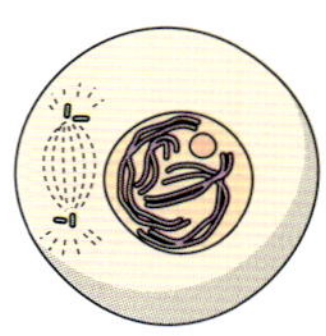		
	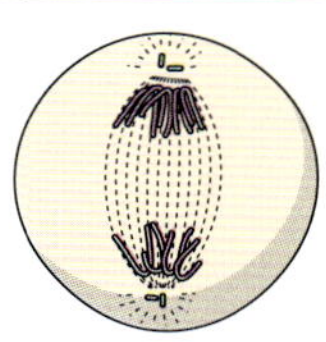		

2 Anschließend fordert Monika Karin auf, in der ersten Spalte die Phasen der Mitose entsprechend ihrer chronologischen Reihenfolge durchzunummerieren. Monika stellt Karin zum weiteren Verständnis die folgenden Fragen:

a) Wie sind Ursprungszelle und Tochterzellen bei der Mitose aufgebaut?

b) Bei der Befruchtung der Eizelle mit einem Spermium entsteht die Zygote. Wie ist deren Chromosomensatz?

c) Wie kann es sein, dass auch die Zygote diesen Chromosomensatz hat, obwohl sie aus zwei Bildungszellen (Eizelle und Spermium) entstanden ist?

4a) Die Sinnesorgane – Das Auge

Situation:

Der 78-jährige Herr Linsenmeier kommt in die Praxis von Herrn Dr. med. Bödeker: „In den letzten Monaten hat sich mein Sehvermögen verschlechtert. Ich kann trotz Lesebrille nicht mehr so gut lesen wie früher, und auch beim Sehen in der Ferne habe ich manchmal Schwierigkeiten. Was kann das sein?“ Herr Dr. Bödeker antwortet: „Das Auge hat viele Bestandteile, die alle zusammenarbeiten müssen, damit wir deutlich sehen können. Ich gebe Ihnen eine Informationsbroschüre über die Augen mit. Sie erklärt den Aufbau und die Funktion des Auges.“

Alle Patienten, die wie Herr Linsenmeier an Diabetes mellitus leiden, werden regelmäßig für Kontrolluntersuchungen der Netzhaut zum Augenarzt überwiesen. Herr Dr. Bödeker bittet Monika Düvel, eine Überweisung zum Augenarzt für Herrn Linsenmeier auszustellen.

Herr Linsenmeier beginnt sofort damit, sich über seine Augen zu informieren. Unterstützen Sie ihn dabei, indem Sie die folgenden Aufgaben lösen.

1 Beschriften Sie die beiden Abbildungen des Auges.

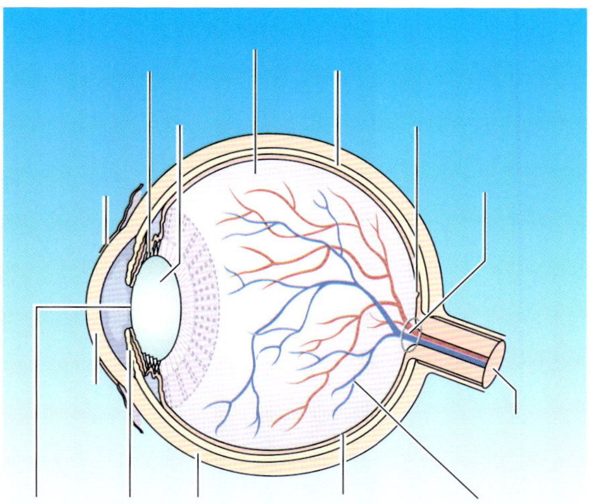

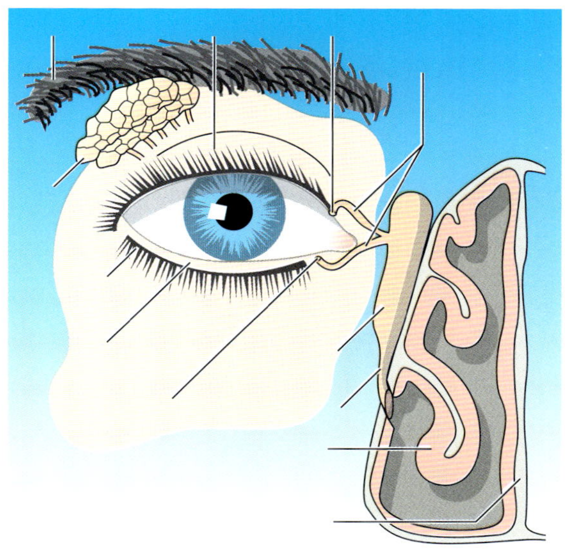

2 Die einzelnen Bestandteile des Auges haben verschiedene Aufgaben. Ordnen Sie bitte jedem Bestandteil des Auges die richtige Aufgabe oder Aussage zu. Schreiben Sie die zutreffende Aufgabe oder Aussage neben den Begriff.

Aufgaben und Aussagen:

• leitet Nervenimpulse zum Sehzentrum des Gehirns • sammelt und bündelt die einfallenden Lichtstrahlen • Stelle des Sehnervenaustritts (Papille) • füllt den Augapfel hinter der Linse • bewegen den Augapfel in alle Richtungen • enthält Blutgefäße und versorgt die Netzhaut • umgibt kreisförmig die Pupille • Stelle des schärfsten Sehens • verteilen die Tränenflüsigkeit über die Hornhaut • straffe äußere formgebende Bindegewebskapsel • befeuchtet die Hornhaut • durchsichtiger Bereich der Lederhaut • regelt den Lichteinfall ins Auge • leitet Tränenflüssigkeit in die Nasenhöhle ab • verändert die Krümmung der Linse • Raum zwischen Hornhaut, Iris und Linse • enthält die Sinneszellen (Stäbchen und Zapfen)

Augenmuskeln ....

Regenbogenhaut ....

Pupille ....

Linse ....

Ziliarmuskel ....

Glaskörper ....

Lederhaut ....

Hornhaut ....

Vordere Augenkammer ....

Aderhaut ....

Netzhaut ....

Gelber Fleck ....

Blinder Fleck ....

Sehnerv ....

Tränenflüssigkeit ....

Tränennasengang ....

Augenlider ....

Übersetzen Sie bitte für Herrn Linsenmeier die folgenden Fachwörter.

Orbita ....

Retina ....

Makula ....

Ophthalmoskop ....

Tonometer ....

Adaptation ....

Akkommodation ....

Auf welchem Weg gelangt ein Lichtstrahl durch das Auge bis zum Gehirn? Schreiben Sie die Ziffern der Augenteile in der richtigen Reihenfolge auf.

1. Glaskörper	3. Sehnerv	5. Hornhaut	7. Pupille
2. Linse	4. Augenkammer	6. Netzhaut	

Lösung: ....

4b) Die Sinnesorgane – Das Auge – Erkrankungen

Situation:

Stefan holt den Überweisungsschein an der Rezeption ab. Monika Düvel hat früher bei einem Augenarzt gearbeitet. Sie hat gerade ein bisschen Zeit und unterhält sich mit Stefan Schröder über Augenerkrankungen.

1 Über welche Krankheiten unterhalten sich die beiden? Stellen Sie die richtige Diagnose. Verwenden Sie dafür auch das entsprechende Fachwort.

a) Beide Augen schauen nicht in dieselbe Richtung, im Gehirn entstehen Doppelbilder.

....

....

b) Der Druck in den Augenkammern ist krankhaft erhöht. Netzhaut und Sehnerv werden dadurch geschädigt und es entstehen Bildausfälle im Gesichtsfeld.

....

....

c) Die Linse ist getrübt. Beim Sehen liegt ein Schleier vor dem Bild, der immer dichter wird.

....

....

d) Die Bindehaut ist gerötet. Die Augen jucken, brennen und tränen.

....

....

2 Lisa kommt an der Rezeption vorbei. Sie trägt seit zwei Jahren eine Brille, um ihre Fehlsichtigkeit zu korrigieren. Kennen Sie die verschiedenen Arten von Fehlsichtigkeit? Ergänzen Sie bitte die fehlenden Textabschnitte in der folgenden Tabelle.

Fehlsichtigkeit	Fachausdruck	Ursache	Korrektur
Kurzsichtigkeit		Augapfel ist zu ...., Bild liegt vor der Netzhaut	....
	Hyperopie	Augapfel ist zu kurz, Bild liegt .... der Netzhaut	Sammellinse
Stabsichtigkeit		fehlerhafte Krümmung der	Zylinderglas
	Presbyopie	Brechkraft der Linse	....

5 Die Sinnesorgane – Das Ohr

Situation:

Während Herr Linsenmeier sich von Monika Düvel verabschiedet, betritt Frau Ottmer mit ihrer 8-jährigen Tochter Sophie die Praxis. Das Mädchen hat seit heute Morgen Fieber und jammert über heftige Schmerzen im rechten Ohr. Die beiden kommen ohne vorherige Anmeldung. Monika Düvel weiß, dass sie Notfälle und Patienten mit akuten Erkrankungen bei der Terminplanung berücksichtigen muss. Nach einer kurzen Wartezeit bittet sie Mutter und Tochter in das Sprechzimmer von Frau Dr. Tanz.

1 Ergänzen Sie bitte den Lückentext über den Verlauf der Untersuchung.

Nach der Anamnese = ... untersucht Frau Dr. Tanz Sophie. Für die Untersuchung der Ohren verwendet sie das Otoskop = ... Mit diesem Instrument kann die Ärztin den .... und das .... betrachten. Sie stellt die Diagnose „Otitis media“ = ... Auf dem Schreibtisch von Frau Dr. Tanz steht das Modell eines Ohrs. Damit erklärt sie ihrer kleinen Patientin den Aufbau des Ohrs.

2 Wie erklären Sie den Aufbau des Ohrs? Beschriften Sie bitte die Abbildung.

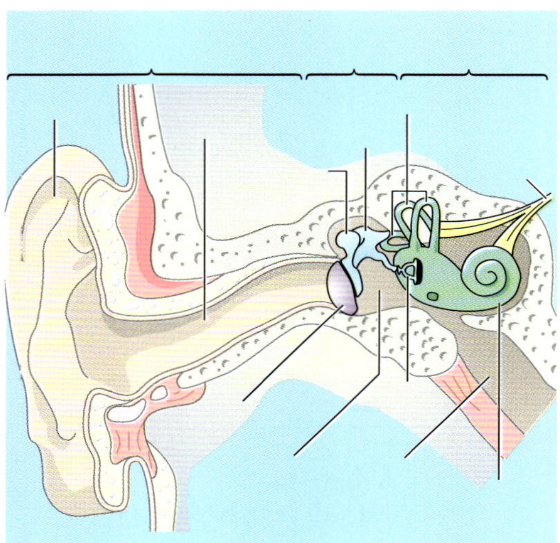

3 Ordnen Sie die folgenden Begriffe in die unten stehende Tabelle ein.

• Schnecke • Hammer • Ohrmuschel • Amboss • Bogengänge • Gehörgang • Steigbügel • Paukenhöhle • Ohrtrompete • ovales Fenster • Gehör- und Gleichgewichtsnerv • Trommelfell

Äußeres Ohr	Mittelohr	Innenohr
....	....	....
....	....	....
....	....	....
....	....	....
....	....	....

4 Karin, die bei der Untersuchung anwesend ist, hat letzte Woche in der Berufsschule eine Kurzarbeit über das Thema „Ohr“ geschrieben. Einige Fragen fallen ihr jetzt wieder ein und sie denkt über ihre Antworten nach. Was hätten Sie anstelle von Karin auf die folgenden Fragen geantwortet?

a) Welche Aufgabe hat die Ohrmuschel?

b) Welche Aufgabe hat das Trommelfell?

c) Wie heißen die drei Gehörknöchelchen?

d) In welchem Teil des Ohrs liegen die Gehörknöchelchen?

e) Welche Aufgabe haben die Gehörknöchelchen?

f) In welchem Teil des Schädels liegt das Innenohr?

g) In welchem Teil des Ohrs liegen die Sinneszellen für die Hörempfindung?

h) In welchem Teil des Ohrs wird das Gleichgewicht gesteuert?

i) Was verbindet die Ohrtrompete?

j) Welche Aufgabe hat die Ohrtrompete?

k) Welcher Nerv verbindet das Innenohr mit dem Gehirn?

5 Beschreiben Sie die Stationen, die eine Schallwelle vom äußeren Ohr aus nimmt, bis sie im Gehirn als Ton wahrgenommen wird.

6 Zwei der folgenden Aussagen über die Hörfähigkeit sind falsch. Finden Sie diese heraus und verbessern Sie sie.

a) Die Intensität des Schalls (Lautstärke) wird in Dezibel gemessen.
b) Das menschliche Ohr kann Schallwellen zwischen 20 bis 20 000 Hertz wahrnehmen.
c) Im Alter nimmt die Wahrnehmung der tiefen Töne ab.
d) Länger dauernde Lärmbelastungen, z. B. in Diskotheken oder an Lärmarbeitsplätzen, schädigen die Sinneszellen des Innenohrs.
e) Ein von Geburt an schwerhöriges oder taubes Kind lernt nicht sprechen.
f) Wenn die Schallleitung über das äußere Ohr oder das Mittelohr zum Innenohr behindert ist, verschlechtert sich die Hörfähigkeit.
g) Wenn das Innenohr nicht mehr richtig durchblutet wird, wie z. B. beim Hörsturz, entsteht eine Schallleitungsschwerhörigkeit.
h) Funktionsstörungen der Ohrtrompete oder ein chronischer Paukenhöhlenerguss sind Ursachen für eine Schallleitungsschwerhörigkeit.
i) Bei der Innenohrschwerhörigkeit sind die Sinneszellen für das Hörempfinden zerstört.

Verbesserung der falschen Aussagen:

Frau Dr. Tanz verordnet Sophie ein Antibiotikum, abschwellende Nasentropfen sowie ein fiebersenkendes und schmerzstillendes Arzneimittel. Wenn die Ohrenentzündung abgeklungen ist, plant sie, bei Sophie eine Audiometrie durchzuführen. Frau Ottmer hat das Fachwort nicht verstanden. Karin übersetzt es für sie.

Audiometrie = ...

Karin bringt eine Dose mit kleinen Plastiktierchen, aus der sich Sophie eines aussuchen darf. Frau Ottmer und ihre Tochter verabschieden sich von Frau Dr. Tanz und ihrer Medizinischen Fachangestellten.

6 Das Hormonsystem

Situation:

Die Auszubildende Karin Schmidt hat sich mit zwei befreundeten Kolleginnen, Johanna und Carmen, zu einer Lerngruppe zusammengetan, die sich regelmäßig zur Lernerfolgskontrolle trifft. Sie haben sich der Runde angeschlossen und übernehmen bei den nachstehenden Fragestellungen jeweils die Rolle der Gefragten bzw. Erklärenden.

1 Bildung und Bedeutung der Hormone/Hirnanhangdrüse (Hypophyse):
Im Blut sind viele verschiedene Hormone enthalten und damit im ganzen Organismus verfügbar. Karin erklärt anschaulich, wie dennoch jedes Hormon nur an den ihm bestimmten Zielzellen seine Wirkungen entfaltet. Wie würden Sie an Karins Stelle vorgehen?

2 Carmen hat eine Übersicht über die wichtigsten Hormondrüsen bei Mann und Frau mitgebracht. Bei der Abbildung fehlt leider die Beschriftung. Bitte ergänzen Sie diese.

Die Lage der wichtigsten Hormondrüsen beim Mann und bei der Frau

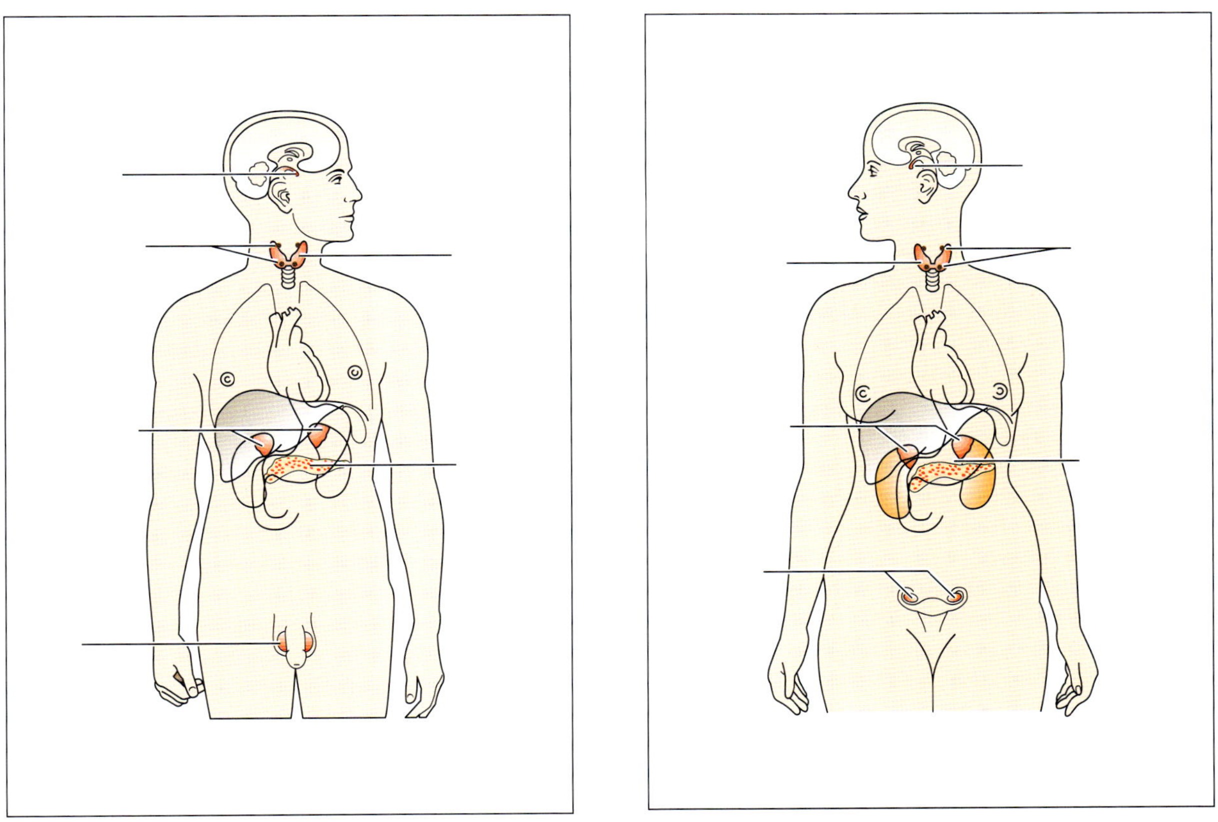

3 Aus der Praxis, in der sie gerade ein Praktikum absolviert, berichtet Carmen von einer Frau im Alter von 43 Jahren. Sie ist 174 cm groß und in ihrem Blut fand sich auch bei einer Kontrolluntersuchung ein deutlich erhöhter Wert für das Wachstumshormon (STH). Welches Krankheitsbild hat sich bei ihr vermutlich entwickelt und sie zum Arzt geführt? Nennen und beschreiben Sie es für Carmen.

4 Johanna und Karin möchten von Carmen wissen, von welcher Drüse das Wachstumshormon (STH) gebildet wird, und wo sich diese befindet. Übernehmen Sie für Carmen die Beantwortung dieser Frage.

5 Damit sie sich die verschiedenen Hormone der Hypophyse und deren Wirkungen besser merken können, legen die drei Auszubildenden eine Tabelle an. Füllen Sie diese Tabelle bitte vollständig aus.

Hormon	Wirkung
ACTH =	
TSH =	
FSH =	
LH =	

Hormon	Wirkung
STH =	
Prolaktin (LTH =)	
ADH =	
Oxytocin	

6 Bei der Beschäftigung mit der Bauchspeicheldrüse sind die drei neben dem Insulin auch auf dessen sogenannten „hormonellen Gegenspieler" gestoßen. Wie heißt er und welche Aufgabe hat er?

7 Karin erzählt von einer Patientin, der in ihrer Ausbildungspraxis wegen des Verdachts auf eine Schilddrüsenunterfunktion (Hypothyreose) Blut abgenommen wurde. Dabei wollte die Patientin wissen, welcher Blutwert diesen Verdacht erhärten oder ausräumen kann. Ersetzen Sie dafür zunächst die allgemeinen Begriffe im nachfolgenden Schema durch spezifische, den Schilddrüsen-Regelkreis betreffende Begriffe, und erklären Sie dann der Lerngruppe anhand des Schemas die Zusammenhänge.

8 Die drei Freundinnen wissen, dass in der **Nebenschilddrüse** ein Hormon gebildet wird, aber nicht, wie es heißt. Es gibt auch einen Gegenspieler dieses Hormons. Wie heißt er und wo wird er produziert? Beide zusammen regeln den Stoffwechsel eines Minerals im Blut. Um welches Mineral handelt es sich?

Hormon:

„Gegenspieler":

Produktionsort des „Gegenspielers":

Mineral:

9 Ein Patient aus Carmens Praktikumspraxis leidet an einem schweren chronischen Bronchialasthma. Er ist seit Jahren auf die orale Einnahme eines Glukokortikoids mit hoher Dosierung angewiesen. Welcher hormonelle Regelkreis ist davon betroffen, und wie wird dort eingegriffen?

10 Das äußere Erscheinungsbild eines Patienten hat sich im Laufe der Jahre verändert. Carmen fällt bei ihm ein sogenanntes „Vollmondgesicht“ und eine Stammfettsucht auf. Zudem weiß sie, dass bei ihm ein Diabetes mellitus Typ 2 und ein Bluthochdruck bestehen und dass er häufig über Muskelschwäche klagt. Welches Krankheitsbild könnte sich bei diesem Patienten entwickelt haben?

11 Die schattierten Kästchen ergeben – von oben nach unten gelesen – ein Organ, das den Nieren an ihrem oberen Pol aufliegt.

1. Bestandteil der Nebenniere, der durch das vegetative Nervensystem stimuliert wird
2. Hormon des Nebennierenmarks, das Blutdruck und Pulsfrequenz erhöht
3. Bestandteil der Nebenniere, der durch das ACTH der Hirnanhangsdrüse stimuliert wird
4. Hormon des Nebennierenmarks, das die Herzfrequenz verlangsamt
5. Bezeichnung für die Hormone des Nebennierenmarks
6. Bezeichnung für Hormone der Nebennierenrinde, die an der Regulation des Elektrolyt- und Wasserhaushaltes des Organismus beteiligt sind
7. Hormone der Nebennierenrinde, die entzündungshemmend und Eiweiß abbauend wirken
8. männliche Geschlechtshormone der Nebennierenrinde
9. wichtigster Vertreter der in Frage 6 gesuchten Hormone
10. wichtigster Vertreter der in Frage 8 gesuchten Hormone

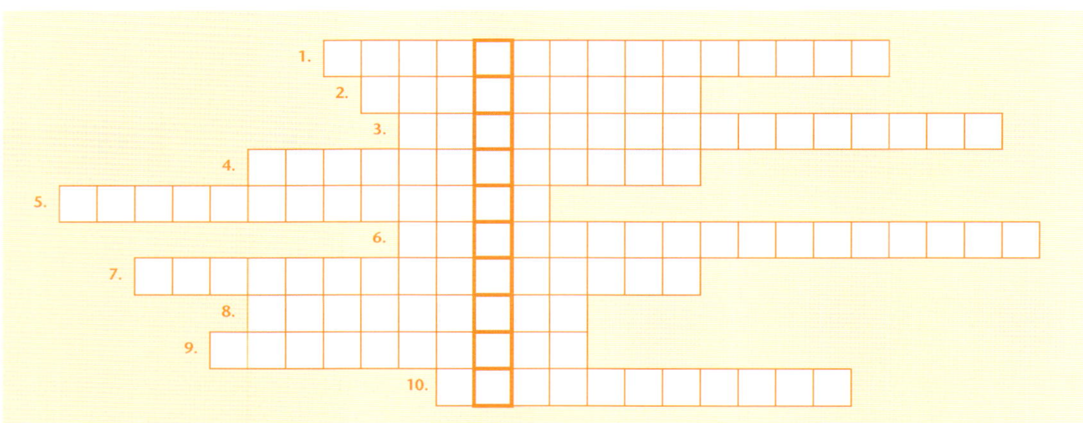

Lösungswort:

12 Gegen Ende der Lernrunde wollen ausnahmsweise Sie etwas von Ihren Kolleginnen wissen und fragen sie, welche Geschlechtshormone Eiweiß aufbauende (anabole) Wirkung haben und wo sie produziert werden.

7 Verabreichung von Arzneimitteln

Situation:

Stefan Schröder begleitet Herrn Maximilian Linsenmeier in das Sprechzimmer von Dr. Bödeker. Der 66-jährige Patient leidet an einer beidseitigen Kniegelenksarthrose, die ihm zurzeit wieder große Schmerzen bereitet. Vor fünf Jahren wurde bei Herrn Linsenmeier ein Diabetes mellitus Typ 2 diagnostiziert. Zur Schmerzlinderung spritzt Dr. Bödeker ein entzündungshemmendes und schmerzstillendes Arzneimittel.

1 Welche Möglichkeiten gibt es, Arzneimittel als Injektion zu verabreichen? Beschriften Sie die auf der Abbildung dargestellten Injektionsarten.

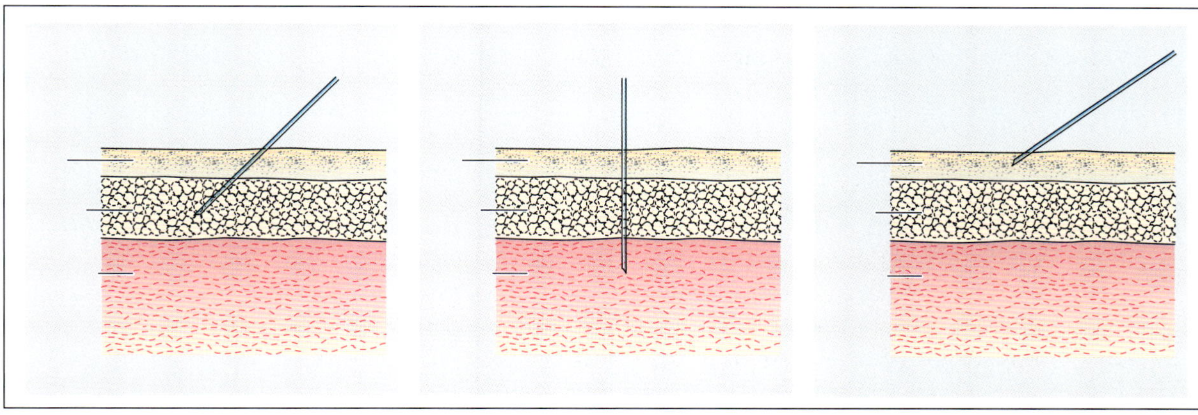

2 Injektionen werden in verschiedene Gewebe und Organe gespritzt. Was bedeuten die folgenden Ausdrücke? Übersetzen Sie bitte.

subcutan = s. c. ....

intramuskulär = i. m. ....

intravenös = i. v. ....

intracutan = i. c. ....

intraartikulär ....

intraarteriell ....

intrakardial ....

3 Beurteilen Sie bitte die folgenden Aussagen über Injektionen. Suchen Sie die drei falschen Aussagen heraus und korrigieren Sie diese.

a) Die Aspirationsprobe verhindert die Injektion in ein Blutgefäß.
b) Diabetiker injizieren sich selbst das Insulin intravenös.
c) Wenn eine Vene versehentlich durchstochen wird, entsteht ein Bluterguss.
d) Die intrakardiale Injektion wird nur bei der Reanimation (= Wiederbelebung) durchgeführt.
e) Nicht jeder Wirkstoff darf intravenös gespritzt werden.

f) Bei der subcutanen Injektion gelangt der Wirkstoff schneller in die Blutbahn als bei der intramuskulären Injektion.
g) Bei Gelenkerkrankungen kann ein Arzneimittel auch direkt in das Gelenk gespritzt werden.
h) Am schnellsten wirkt die intravenöse Injektion.
i) Bei der intravenösen Injektion am Arm bleibt der Stauschlauch geschlossen.

Bildquellenverzeichnis

Fotos

Bildungsverlag EINS GmbH, Köln, S.: 104
notfallkoffer.de Med. Geräte GmbH, Bad Iburg, S.: 115
Stadler, Dr. med. Alexander, München, S.: 134

Zeichnungen
Angelika Brauner, Hohenpeißenberg/Bildungsverlag EINS GmbH, Köln, S.: 175, 179
Elisabeth Galas, Bad Breisig/Bildungsverlag EINS GmbH, Köln, S.: 83, 191
Jörg Mair, München/Bildungsverlag EINS GmbH, Köln, S.: 59 (2x), 60, 66, 67, 72, 73, 75, 76, 77, 86, 118 (3x),121,123 , 126 (2x), 127, 130 (2x), 132 (3x), 136, 139, 140 (3x), 144, 151 (2x), 177, 180 (4x), 181 (2x), 184, 187 (2x)